Maximilian Reich
Muttersöhnchen

Maximilian Reich

Mutter-söhnchen

35, Single und zurück im Hotel Mama

BENEVENTO

FSC
www.fsc.org
MIX
Papier aus verantwortungsvollen Quellen
FSC® C014496

1. Auflage

Medieninhaber, Verleger und Herausgeber:
Red Bull Media House GmbH
Oberst-Lepperdinger-Straße 11–15
5071 Wals bei Salzburg, Österreich

Satz: MEDIA DESIGN: RIZNER.AT
Gesetzt aus der Palatino, Verlag Compressed, Gotham
Umschlaggestaltung: ZeroMedia GmbH, München
Umschlagmotive: FinePic®
Printed by GGP Media GmbH, Germany
ISBN 978-3-7109-0047-1

Für Mama

Bei allem, was Sie zwischen diesen beiden Buchdeckeln lesen, handelt es sich um Fake News. Die Ereignisse habe ich mir nachts am Küchentisch meiner Mutter bei Spezi und Balisto ausgedacht. Sämtliche Personen sind frei erfunden. Ähnlichkeiten wären reiner Zufall. Deshalb handelt es sich bei diesem Buch um ein fiktives Sachbuch. Und das behaupte ich nicht, weil meine Mutter mich dazu zwingt …

Kapitel 1

Wenn ich in der Früh aufwache, sehe ich aus wie der Glöckner von Notre-Dame nach einer Kneipenschlägerei. Zumindest vermittelt mir dieses Gefühl mein Handy. Seit zwei Minuten halte ich das iPhone nun schon vor meine Nase, aber die automatische Gesichtserkennung weigert sich stur, das Display zu entsperren. So geht das jeden Morgen. Am Nachmittag hingegen macht es nie Probleme. Selbst wenn ich beim Arbeiten eine Brille trage, funktioniert das Sicherheitssystem problemlos. Und als ich mir im vergangenen Monat einen Bart hatte wachsen lassen und Ariane schimpfte, ich solle mich doch endlich wieder rasieren, weil sie mich ja gar nicht mehr wiedererkennt – mein Handy tat es. Nur eben nicht am frühen Morgen.

Ich stoße einen leisen Fluch aus und tippe den Zahlencode manuell in das Eingabefeld, um die WhatsApp-Nachricht meiner Mutter zu lesen, die mich vor ein paar Sekunden mit einem lauten PLING aufgeweckt hat. »Ich hab deinen Artikel über die Aufsprühbräune gelesen«, steht da. Und dahinter ist das Emoji von dem Kackhaufen mit Glubschaugen, das aussieht, als hätte der Zalando-Bote beim Kackhaufen geklingelt. Seit meine Mutter mit ihrer Lesegruppe vor drei Jahren in Japan war und gehört hat, dass das Kackhaufen-Emoji von dort stammt und ursprünglich für Freude steht, setzt meine Mutter hinter jede frohe Botschaft einen Kackhaufen.

»Alles Gute zum Namenstag. Kackhaufen.«

»Deine Cousine Katharina hat ihr Kind bekommen. Kackhaufen.«

Man könnte glatt meinen, man chattet mit einem Tourette-Patienten.

Ich lege das Handy zurück auf das Nachtkästchen und blicke neben mich. Die rechte Seite des Bettes gehört Ariane und macht ungefähr neunzig Prozent der Gesamtfläche aus. Meine Freundin liegt wie immer quer über der Matratze, die Arme und Beine weit voneinander ausgestreckt, wie da Vincis Entwurf des vitruvianischen Menschen – wenn er ihn mit verstrubbelten Haaren und Spuckefädchen in den Mundwinkeln gezeichnet hätte. Aus ihren Nasenlöchern bläst ein gleichmäßiges Schnaufen. Die Arme muss völlig erschöpft sein.

Ariane arbeitet als Anwältin bei einer renommierten Kanzlei und vertritt seit Kurzem einen Schweizer Pharmakonzern, gegen den im Moment eine Sammelklage läuft. Angeblich macht die neue Antibabypille wohl abhängig. Jetzt lungern überall verwahrloste Frauen an den Hauptbahnhöfen herum und schnorren verzweifelt Passanten an: »Ey, haste mal 'ne Baby-Pille?« Ariane sagt, das sei Blödsinn und meine Fantasie würde mal wieder mit mir durchgehen. Aber die muss das ja auch sagen. Jedenfalls ist sie deshalb gestern früh nach Zürich gefahren, um den Fall vor Gericht zu verhandeln, und kam erst spät in der Nacht wieder nach Hause. Dafür hat sie heute den ganzen Tag frei, und ich möchte sie nicht aufwecken. Deshalb klappe ich vorsichtig die kleine Ecke der Bettdecke, die Ariane mir großzügigerweise überlassen hat, zur Seite und schleiche mich ins Badezimmer, um mich für die Arbeit fertig zu machen.

Im Hausflur vor dem Aufzug fängt mich Frau Mendel ab. Die achtzigjährige Nachbarin scheint vor ihrer Tür auf der Lauer gestanden zu haben, bis ich die Wohnung verlasse. »Herr Hase, gut, dass ich Sie erwische.«

»Guten Morgen, Frau Mendel«, seufze ich und drücke auf den Fahrstuhlknopf.

»Sie wissen schon, dass man bei uns im Haus nach 22 Uhr nicht mehr duschen darf, gell?«

»Nein, das war mir nicht bewusst.«

»Kein Auge hab ich heut Nacht zugemacht, weil es so geplätschert hat hinter der Wand.

»Bitte entschuldigen Sie. Meine Freundin ist gestern erst spät von einem Geschäftstermin nach Hause gekommen.«

»Ja mei, dann muss sie halt am nächsten Tag duschen.«

»Ich werde es ihr ausrichten, Frau Mendel«, sage ich und drücke erneut auf den Knopf. Wo bleibt der blöde Aufzug?

»Gar nicht mehr aufgehört hat das. Ich hab gedacht, gleich schwemmt's die Wohnung weg.«

Na endlich. Der Fahrstuhl ist da.

»Kommt bestimmt nicht wieder vor«, sage ich, als ich schon im Aufzug stehe, und drücke hektisch auf den Knopf für das Erdgeschoss.

Unten vor der Haustür pralle ich beinahe gegen Mark Tupfel, der gerade von seiner morgendlichen Joggingrunde zurückgekommen ist und nun wie üblich sein Workout mit ein paar Dehnübungen an der Außenfassade abschließt. Er trägt einen grünen Polyester-Anzug, unter dem zwei angespannte Waden herausgucken, die so kahl sind wie sein Kopf. Auf seinen Unterarmen treten Twix-Riegel-dicke Adern hervor. Selbst eine Gurke hat einen höheren Fettanteil als unser neuer Nachbar, der vor drei Monaten in die Wohnung unter uns eingezogen ist.

Am Wochenende, wenn das Wetter schön ist, sitzen Ariane und ich manchmal zum Frühstücken auf dem Balkon und gucken belustigt von oben zu, wie er im Hof seine Burpees macht, während wir uns die frischen Croissants vom Bäcker mit Nutella schmecken lassen.

»Guten Morgen«, sage ich freundlich und mache einen Schritt zu Seite.

»Morgen«, grummelt die Fitnessgurke und nickt mir zu. Anschließend dreht sie mir den Rücken zu, stützt sich nun mit der rechten Hand an der Hauswand ab und winkelt das linke Bein nach hinten ab, um auch noch den anderen Oberschenkelmuskel zu stretchen.

Kapitel 2

Meine Zimmerkollegin Gabi sitzt an ihrem Schreibtisch. Sie hat sich den Telefonhörer zwischen den Kopf und die Schulter geklemmt und pellt ein hart gekochtes Ei, während sie telefoniert. In einer Tupperdose auf ihrem Schoß befinden sich sechs weitere Eier. Seit einem Jahr versucht Gabi, schwanger zu werden, weshalb sie hauptsächlich Lebensmittel zu sich nimmt, in denen möglichst viel Eiweiß enthalten ist, weil das angeblich die Fruchtbarkeit erhöht.

»Hast du heute schon masturbiert?«, spricht sie in den Telefonhörer, wobei es eigentlich so aussieht, als würde sie die Frage an das Ei richten.

»Dann tu's bitte jetzt.«

»Du weißt, was der Arzt gesagt hat. Je frischer das Sperma ist, desto besser ist auch seine Qualität.«

»Mir ist wurschd, ob du grad in Stimmung bist. Mach einfach ein Mal, worum ich dich bitte.«

»Und stell schon mal das Salbeiöl auf dem Nachttischchen bereit. Ich bin bald zu Hause.«

Wer die Schwangerschaft als ein Wunder der Natur bezeichnet, hat noch nie eine Frau in den Vierzigern erlebt, die unbedingt ein Baby möchte. Da wird nichts dem Zufall überlassen. Jedes Detail wird akribisch vorbereitet wie eine Militärinvasion. An welchem Tag angegriffen werden soll, wo der beste Ort dafür ist und in welcher Formation. Ich wünschte bloß, sie würde die

Planung nicht in aller Öffentlichkeit vornehmen. Barack Obama hat die Ermordung von Osama bin Laden schließlich auch nicht in der Gemeinschaftsküche des Weißen Hauses besprochen.

»Ah, Emil! Da bist du endlich«, ruft Gabi, als sie mich bemerkt. Sie packt das angebissene Ei zurück in die Tupperdose und nimmt den Hörer in die Hand. »Bärchen, ich mach mich jetzt auf den Weg.« Dann legt sie auf und stopft die Plastikdose in ihre Handtasche.

»Sorry, die U-Bahn hatte Verspätung«, lüge ich und lasse mich auf meinen Bürostuhl gegenüber von ihrem Arbeitsplatz plumpsen. »Gibt's was Wichtiges?«

»Ich hab meinen Eisprung und muss ganz dringend nach Hause. Ich hab nur noch auf dich gewartet, um dir das Thema für deinen nächsten Text zu geben.« Sie reicht mir ein weißes Döschen von ihrem Tisch. »Das ist eine neue Gesichtsmaske. Probierst du die bitte aus und schreibst mir dann 3000 Zeichen darüber?«

Ich mustere die Verpackung in meiner Hand. »Recharging Magnet Mask«, steht auf dem Etikett. Wenn ich die Beschreibung richtig verstehe, wird die Gesichtsmaske nicht mit Wasser abgewaschen, sondern nach der Einwirkzeit mittels eines kleinen Magneten abgezogen. Kosmetikentwickler ist auch ein Scheißjob. Ständig musst du dir ein neues Produkt gegen Falten ausdenken.

»Klar, kann ich machen.«

»Bist ein Schatz! Dann sehen wir uns Montag.« Gabi schreitet zur Tür und zupft von dem Garderobenständer daneben ihre Jacke.

»Viel Erfolg!«, rufe ich Gabi noch hinterher, als sie hinausgeht. Dann ist sie weg. Lustlos drehe ich die Gesichtsmaske zwischen meinen Fingern und denke mir das Gleiche wie die Dumpfbacke in der Werbung des

Reiseanbieters Secret Escapes: Ich dürfte eigentlich gar nicht hier sein.

Nach meinem BWL-Studium hatte ich ein paar Praktika bei Tageszeitungen absolviert und mich anschließend um eine Stelle als Redakteur bei dem Nachrichtenmagazin FAKT beworben. Als ich ein Kind war, hatten meine Eltern die Zeitschrift abonniert. Mein Vater saß damit immer am Küchentisch und las meiner Mutter die Artikel vor, während sie das Rührei zubereitete.

Die Zeitschrift gehört zum Böller Verlag, der eines der größten Medienhäuser in Europa ist und noch zahlreiche andere Publikationen herausbringt. Beim Bewerbungsgespräch erklärte mir die Personalchefin, dass bei FAKT im Moment zwar kein Bedarf an neuen Mitarbeitern herrscht – die Frauenzeitschrift *Missy* aber dringend Verstärkung sucht. Ein Girly-Magazin, das sich hauptsächlich mit dem Liebesleben von Hollywood-Sternchen und den neusten Beauty-Themen beschäftigt. Sie schlug mir vor, dort zu arbeiten, bis bei den Kollegen von FAKT eine Stelle frei wird. Es würden immer wieder Mitarbeiter gehen und könne sich daher nur um ein paar Monate handeln. Meine Erfolgsaussichten seien aber wesentlich höher, wenn ich mich intern bewerbe, wie sie mir versicherte. Ein Jahr ist das mittlerweile her. Seitdem sitze ich hier bei Gabi im Zimmer und probiere für meine Kolumne die neusten Beauty-Trends, um anschließend aus Männersicht darüber zu berichten. Die Chefredakteurin fand das eine originelle Idee, um sich von den Produkttests der Konkurrenz abzugrenzen.

Ich verteile gerade den grauen Magnet-Batz auf meinem Gesicht, als meine Hosentasche vibriert. Ich muss erst meine klebrigen Hände mit Feuchtigkeitstüchern reinigen. Als sie halbwegs sauber sind und ich mein

Handy endlich aus der Jeans fischen kann, hat der Anrufer bereits aufgelegt. Selbst jetzt, wo mein Gesicht komplett mit Schlamm überdeckt ist, erkennt mich das Display. Ich muss wirklich beschissen aussehen nach dem Aufwachen. Ich scrolle mich in das Menü mit den verpassten Anrufen und tippe auf die oberste Nummer. Eine herbe Frauenstimme geht ans Telefon. »Dollbach?«

Dollbach? Der Name sagt mir nichts.

»Guten Tag, Hase hier. Sie haben grad bei mir angerufen?«

»Ah, Herr Hase. Vielen Dank für den Rückruf. Ich arbeite für den Verlag Buch & Wurm Publishing. Sie hatten uns Ihr Exposé zugeschickt …«

Auf einmal sitze ich senkrecht wie ein Straßenschild auf meinem Bürostuhl. Vor ein paar Wochen hatte ich dem Verlag eine E-Mail geschickt mit einer Idee für einen Roman. Es handelt von einem jungen Kerl, der gegen seinen Willen bei einer Frauenzeitschrift arbeitet. Ein bisschen wie *Der Teufel trägt Prada*, bloß mit Channing Tatum statt Anne Hathaway in der Hauptrolle. Ich fand das eine witzige Idee, hatte von dem Verlag aber seitdem nichts mehr gehört. Bis jetzt.

»Ja!?«, stammle ich und fühle, wie das Adrenalin durch meine Adern schwappt wie die Donau durch Passau. Ich muss aufstehen und mich bewegen. Nervös gehe ich durch das Zimmer, während die herbe Stimme in meinem Ohr das Urteil über meine Karriere fällt: »Mir hat Ihr Schreibstil und Ihre Idee wirklich gut gefallen. Deswegen würden wir Ihnen gerne einen Buchvertrag anbieten, wenn das für Sie in Ordnu…?«

»Natürlich!«, rufe ich vielleicht eine Spur zu euphorisch. Ich kann regelrecht hören, wie die Frau am anderen Ende der Leitung den Rotstift in die Hand nimmt und auf dem Vertrag hinter meinem Honorar eine Null durchstreicht. Aber drauf gepfiffen. Bald wird ein Buch mit meinem Namen in den Regalen der Buchläden stehen. Junge Mütter in ganz Deutschland werden in Cafés sitzen und sich bei einem Latte Macchiato unterhalten: »Mensch, toll siehst du aus. Wie läuft's denn mit dem kleinen Oskar-Phillippe?«

»Der kleine Frechdachs hält uns ordentlich auf Trapp. Ich bin froh, wenn ich mal 'ne halbe Stunde zum Lesen komme.«

»Was liest du denn gerade?«

»Im Moment lese ich den neuen Hase. Ein intelligenter Roman über einen Mann, der mit feiner Feder und viel Witz von seiner Arbeit bei einer Frauenzeitschrift berichtet.«

Die andere Frau hört interessiert zu und drückt dabei ihren kleinen Noah-Friedrich an die blanke Brust. »Oh, das klingt spannend. Den hol ich mir au… Autsch! Nicht in Mamis Brustwarze beißen, du kleiner Schlingel.«

Markus Lanz wird mich in seine Talkshow einladen, wo ich zunächst geduldig dabei zuhöre, wie Joey Kelly dreißig Tage ohne Deo durch Afrika gelaufen ist und ein Student in Port-au-Prince neue Schulen aus alten Zahnbürsten baut – bevor ich endlich an der Reihe bin und meinen Roman vorstelle: *Mister Missy – ein Mann trägt Gesichtsmaske*. Oder so ähnlich. Einen Titel muss ich mir noch überlegen.

»Wunderbar, Herr Hase. Dann geht der Vertrag heute noch per E-Mail an Sie raus«, sagt die herbe Stimme und legt auf.

Ich muss mich erst mal wieder setzen und die Nachricht verarbeiten. Meine Backen glühen vor Aufregung. Was mach ich denn jetzt? Zuerst mal den Schlamm aus dem Gesicht entfernen. Könnte nämlich auch sein, dass meine Visage deshalb so brennt. Und dann fahre ich nach Hause. An Arbeit ist heute nicht mehr zu denken. Ich bin viel zu aufgeregt, um mich jetzt mit etwas so Profanem wie Gesichtsmasken zu beschäftigen. Als Neil Armstrong die Nachricht erfuhr, dass er zum Mond fliegen darf, ist er bestimmt auch nicht erst mal in die Küche gegangen und hat den Backofen gereinigt. Gabi ist ja sowieso nicht hier, sondern lässt sich von ihrem Gatten gerade mit Salbeiöl einschmieren. Es fällt also nicht weiter auf, wenn ich heute früher Feierabend mache. Und selbst wenn: Was soll's? Als einziger Hahn in diesem Hühnerstall genieße ich einen gewissen Sonderstatus. Ich könnte sogar alle Snacks aus der kleinen Kiste in der Büroküche aufessen, und niemand würde es mir übel nehmen. Eher würde mir die Chefredakteurin einen Verdauungstee aufsetzen. Also greife ich meine Jacke von der Stuhllehne und steige wieder in den Aufzug, der mich erst vor einer halben Stunde nach oben befördert hatte.

Auf dem Heimweg mache ich noch einen Zwischenstopp im Supermarkt und kaufe eine Flasche Moët-Champagner. Damit stoße ich nachher mit Ariane auf meinen Buchvertrag an. Und zum Abendessen koche ich meine berühmte Paella, die sie so liebt. Wir werden uns heute einen richtig schönen Abend machen zu Hause. Den hatten wir schon lange nicht mehr.

Kapitel 3

Ich hasse unseren Esstisch. Ein rundes Designer-Möbelstück aus schwarzem Glas, das aussieht wie ein bösartiges Muttermal. Ariane hatte ihn letztes Jahr im Internet gekauft und in unseren Flur gestellt, weil im Wohnzimmer ja schon das Sofa und das Bücherregal stehen. »Da kann nicht auch noch ein Tisch rein«, hat Ariane erklärt. »Das wirkt so vollgestopft.« Also haben wir jetzt eine Essecke direkt vor dem Badezimmer. Da war nämlich noch Platz. »Wenn Gäste zu uns kommen, will ich, dass sie es schön haben und keine Platzangst kriegen.«

Seitdem gehe ich nicht mehr aufs Klo, wenn ihre Freunde bei uns zum Essen sind. Es ist mir unangenehm, wenn fremde Menschen meinen Verdauungstrakt belauschen, während sie ihre Rosmarinkartöffelchen klein schneiden. Ja, da bin ich vielleicht ein bisschen etepetete. Aber bei *Das perfekte Dinner* bekäme man bestimmt auch Punkte abgezogen, wenn die Gäste den Gastgeber zwischen dem St. Petersburger Kaviar-Pfannkuchen und dem Kalbsfilet an Heidemöhrchen durch die Tür kacken hören. Das drückt aufs Ambiente.

Im Moment hasse ich diesen Tisch aber vor allem, weil meine Freundin es darauf mit der Fitnessgurke aus dem ersten Stock treibt. Als ich zur Wohnungstür hereinkomme, finde ich Ariane bauchlings über den Tisch gebeugt, wobei ihre nackten Brüste gegen die Glasplatte drücken. Hinter ihr steht mein durchtrainierter Nachbar mit der grünen Radlerhose in den Kniekehlen und absolviert sein Cardio-Workout. Und ich durfte noch nicht mal meine Speziflasche auf dem Tisch abstellen, weil das angeblich Ringe hinterlässt.

Im Fernsehen habe ich mal einen Beitrag über einen Amoklauf gesehen. Da hat ein Zahnarzt seine Ehefrau mit einem anderen Mann im Bett erwischt und daraufhin zunächst die beiden Ehebrecher und anschließend noch seine beiden Töchter und sich selbst erschossen. Eine Nachbarin hat der TV-Kamera erzählt, dass es sich bei dem Zahnarzt eigentlich um einen sehr freundlichen und zurückhaltenden Mann gehandelt habe. Dann gab es einen Schnitt, und als Nächstes hat man in dem Beitrag eine Psychologin gesehen, die ein Buch aus einem Bücherregal zieht, weil das Experten im Fernsehen aus irgendeinem Grund immer machen, bevor sie zu Wort kommen. Die Psychologin hat gesagt, dass traumatische Erlebnisse einen Schalter im Kopf umlegen können und man vorher nie weiß, wozu dieser Mensch fähig ist.

Ich weiß jetzt, dass ich fähig bin zum angewurzelten Dastehen. Ich spüre nämlich meine Füße nicht mehr. Dafür fühlt sich mein Magen an, als würden ihn kleine Männchen über eine Käsereibe raspeln. Ich stehe mit offenem Mund und schmerzendem Bauch einfach nur da und gucke zu, wie meine Freundin sich von einem anderen Mann durchpudern lässt. Die beiden sind so in ihr Liebesspiel vertieft, dass sie mich überhaupt nicht bemer…

»Scheiße, Emil!«, kreischt Ariane plötzlich, als sie den Kopf zur Seite dreht. Ruckartig richtet sie sich auf und schlägt dabei mit dem Arm nach hinten aus, als handle es sich bei dem nackten Nachbarn um eine lästige Mücke, die versucht, sie mit ihrem Penis zu stechen.

»Hey, was machst du?«, schimpft der Bodybuilder. Dann bemerkt auch er mich und fügt hinzu: »Oh, Fuck!«

Ja, verdammt! Riesenfuck! Fuck! Fuck! Fuck! Auf einmal spüre ich wieder meine Füße und will bloß noch hier weg. So schnell und so weit wie möglich.

»Emil, warte …«, ruft Ariane. Sie zieht ihren Rock hoch und eilt mir hinterher.

»Was?«, fahre ich sie im Treppenhaus an. »Kommt jetzt die Nummer, es sei alles gar nicht so, wie es aussieht?«

»Doch, Emil. Und es tut mir leid. Das wollte ich nicht.«

»Ja, klar«, rufe ich spöttisch. »So sah's aus.«

»Mensch, ich wollte nicht, dass du es so erfährst.«

Die Bedeutung dieser Worte trifft mich am Kopf wie ein tief hängender Deckenbalken. »Erfahren? Was erfahren? Wie lange geht das denn schon so?«

Ariane stockt.

»Sag schon, verdammt!«

»Ungefähr seit einem Monat.«

Rums! Jetzt ist die ganze Decke über meinem Kopf eingestürzt.

Die ganze Zeit hab ich gedacht, wir wären glücklich. Dabei hat sie immer nur an diese Fitnessgurke gedacht, während wir auf dem Sofa vor dem Fernseher gekuschelt haben.

»Wieso?«, stöhne ich. »Bitte erklär's mir, wieso?«

»Ist das denn jetzt gerade wirklich so wichtig?«

»Ja, verdammt.«

»Ich weiß es nicht, Emil.«

»Oh, bitte! Gib's zu, du bist geil auf seinen Anabolika-Body.«

»Mein Gott, natürlich ist es sexier, wenn ein Mann ein Sixpack hat, anstatt im Badezimmer vor dem Spiegel zu stehen und immer wieder zu rufen: »Wo sind meine

Füße? Da sind meine Füße! Wo sind meine Füße? Da sind meine Füße!«

»Aber ... du hattest doch gelacht!?«

»Ja. Aus Mitleid.«

»Ich verstehe ...«

»Aber es geht doch nicht nur darum.«

»Was bitte schön ist es dann? Seine Haarpracht? Ich rasiere mir auch eine Glatze, kein Problem.«

»Mann, Emil. Ich muss in der Arbeit den ganzen Tag taff sein vor Gericht. Da möchte ich wenigstens zu Hause einen richtigen Mann, bei dem ich schwach sein kann – und keinen, der für eine Frauenzeitschrift arbeitet und mir erklärt, warum ich nach dem Epilieren meine Beine mit Avocado-Wasser einreiben sollte.«

»Ach, ich bin also kein richtiger Mann!? Aber du hältst dich mit deinen mickrigen Möpsen für ein Vollblutweib, oder was?«, poltere ich und bereue es sofort. Denn eigentlich finde ich Arianes Brüste sogar das Schönste an ihrem makellosen Körper. Sie passen genau in meine Hände. Als hätte Gott sie extra für mich geformt. Ich hab das bloß gesagt, um ihr wehzutun, weil ich weiß, welche Komplexe sie wegen ihres A-Körbchens hat. Irgendwie musste ich mich doch rächen.

Die Nachbarin steckt den Kopf aus der Tür.

»Und Sie kümmern sich um ihren eigenen Scheiß, Frau Mendel«, fauche ich die alte Dame an, noch ehe sie ein Wort sagen kann, wobei ich den Arm ausstrecke und mit dem Zeigefinger auf sie zeige wie ein Staatsanwalt auf den Angeklagten. Daraufhin zieht sie den grauen Kopf wie eine Schildkröte beleidigt wieder zurück in ihre Wohnung.

»Babe?«, ruft die Fitnessgurke von drinnen.

»Babe?«, wiederhole ich fassungslos. »Ernsthaft?«

»Lass uns ein anderes Mal reden, wenn die Emotionen ein bisschen abgekühlt sind. Okay?«

»Ja. Klar. Geh doch zu deinem Mister Testosteron«, schnaube ich.

Und das tut sie dann auch.

Kapitel 4

»Nanu, waren wir verabredet?«

Lili steht auf der Schwelle zu ihrer Wohnung und blickt mich an wie den Nikolaus im Hochsommer. Sie hat lediglich eine blaue Latzhose an, die sich über ihren kleinen Babybauch spannt. Darunter trägt sie weder Socken noch ein T-Shirt. Das Einzige, was sonst noch ihre blasse Haut bedeckt, sind die vielen kleinen Leberflecken. Die blond gefärbten Locken mit dem braunen Haaransatz hat sie zu einem Dutt zusammengepfercht.

Wie eine Vogelscheuche nach einem Hagelschauer stehe ich mit hängendem Kopf vor ihr und weiß nicht, was ich sagen soll. Ich habe es ja selber noch nicht begriffen, was gerade passiert ist. Drei Jahre waren Ariane und ich ein Paar. Wir sind auf dem Kamel durch Marokko geritten und haben Borneo auf einem Boot durchquert. In dem ruckeligen Bus durch Patagonien hab ich acht Stunden lang ihren Rücken gestreichelt, während sie unsere Proviantttüte vollgekotzt hat.

Und jetzt wurde ich ausgewechselt gegen ein paar Bauchmuskeln?

»Ich wusste nicht, wo ich sonst hingehen kann«, winsle ich mit einem dicken Stein im Hals.

Lili blickt mich mit besorgten Augen an. »Mensch, was ist denn passiert?«

»Ariane hat mich betrogen«, quetsche ich die Worte am Halsstein vorbei.

Lili klappt der Kiefer runter. »Was? Nein, das glaub ich nicht.«

»Stimmt aber. Ich hab sie gesehen.«

»Och Mann, Emil. Ich …« Lili sucht nach einem Wort, findet aber offenbar nicht das richtige. Deshalb gibt sie die Suche auf und kommt lieber auf mich zu. Sie schlingt die Arme um meinen Brustkorb und drückt einmal so fest zu, als wolle sie meinen Lungenflügel in Diamanten verwandeln. »Das tut mir so leid.« Dann drückt sie noch mal zu, um auch noch den anderen Lungenflügel zu veredeln.

»Mir auch«, sage ich und schnaufe einmal tief durch. Der Geruch von Mango-Öl steigt mir in die Nase. Lili löst ihren Griff und nimmt mich bei der Hand, als wäre ich eins der Kinder in dem Kindergarten, wo sie arbeitet. »Jetzt komm erst mal rein«, sagt sie und führt mich durch den Flur ins Wohnzimmer. An einem großen Holztisch in der Mitte des Raumes lasse ich mich nieder.

»Willst du einen Tee?«

»Mir ist eher nach Alkohol zumute«, sage ich und hebe die Flasche Champagner in die Höhe, die ich immer noch in der Hand halte. Lili zieht die linke Augenbraue nach oben. »Klar, stoßen wir halt mit Champagner darauf an, dass du betrogen wurdest.«

»Hab ich heute Morgen besorgt. Wollte eigentlich mit Ariane meinen Buchvertrag feiern.«

»Das hat geklappt? Mensch, super.«

»Danke.«

»Na gut, dann hol ich dir mal ein Glas.« Lili verschwindet in der Küche, und ich blicke mich im Raum um. Es ist bestimmt drei Monate her, dass ich das letzte Mal hier war. Ariane hat es nicht gerne gesehen, wenn ich Lili getroffen habe, obwohl ich ihr nie einen Anlass gegeben habe für Eifersucht. Lili ist wie eine Schwester für mich, mit der ich schon als kleines Kind Sandkuchen gebacken und nackt in der Badewanne gesessen habe. Außerdem ist sie im vierten Monat schwanger, und so ein Schwangerschaftsbäuchlein steht auch nicht gerade ganz oben auf der Liste der Dinge, die ich an einer Frau sexy finde.

In der Zimmerecke am anderen Ende des Raumes stirbt eine Kokospalme langsam vor sich hin. An der Wand entlang reihen sich drei weiße Billy-Regale, vollgestopft mit Büchern. Dagegen lehnen zwei Demo-Schilder, auf denen steht: »Das ist nicht mein Ich-will-dich-Gesicht« und »Das ist ein Rock und keine Einladung«. Kurz nachdem Lili schwanger wurde, hat ihr Freund Markus sie verlassen und ist aus der gemeinsamen Wohnung gezogen. Stattdessen wohnt sie nun in einer WG mit Karola. Eine streitsüchtige Femen-Aktivistin, die meine beste Freundin in eine nackte Wutbürgerin verwandelt hat. Während ich eher der Typ bin, der im Stillen seinen kleinen Beitrag für eine bessere Welt leistet und im Supermarkt zwanzig Cent mehr für die regionalen Äpfel bezahlt, stürmt Lili mit blanken Brüsten in das ZDF-Fernsehstudio und brüllt: »Rettet die bayerischen Obstbauern.« Das Gleiche tut sie für die Frauenrechte, niedrigere Mietpreise, den Klimawandel und die Bildungspolitik. Selbst die bayerische Müllabfuhr sieht man nicht so oft auf der Straße wie meine beste Freundin. Und wäre sie damals nicht erst fünf Jahre alt gewesen, sie hätte wahrscheinlich auch gegen die Umbenennung des Schokoriegels von Raider zu Twix protestiert.

»Wofür demonstriert ihr diesmal?«, frage ich, als Lili mit einem Sektglas und einer Banane in der einen Hand und einer dampfenden Teetasse und einem Käsedip in der anderen Hand zurückkommt.

»Auf das Recht, uns sexy anziehen zu dürfen.«

»Das dürft ihr bisher nicht?«

»Wenn wir vergewaltigt werden, heißt es, wir hätten es provoziert.«

Ich versuche mir vorzustellen, wie Lili ihren Babybauch unter einem bauchfreien Top auf Absätzen über die Straße balanciert. »Wer vergewaltigt denn eine Schwangere?«

»Mann! Es geht doch nicht um mich, sondern um alle Frauen.«

»Verstehe«, sage ich geistesabwesend, während ich ratlos auf das Drahtkonstrukt um den Korken der Champagnerflasche blicke. Sieht ein bisschen aus wie das Zahnspangengestell, das ich in der sechsten Klasse getragen habe. Mir fällt gerade auf, dass ich noch nie eine Champagnerflasche aufmachen musste.

»Häschen, gib mir das mal«, sagt Lili, die offenbar meine Ratlosigkeit bemerkt hat und nun helfend die Hand ausstreckt.

»Nenn mich nicht so.«

»Wie denn, Häschen?«

»Du weißt, dass ich das hasse.«

»Ich finde das süß.«

»Das klingt total unmännlich. Hase ist ja schon schlimm genug. Da musst du meinen Nachnamen doch nicht absichtlich noch niedlicher machen.«

Ich schiebe den Champagner über den Tisch, damit Lili ihn für mich öffnet. Sie klemmt die Flasche zwischen ihre Beine, entflicht das Drahtgestell und dreht den Korken vorsichtig aus dem Hals.

»Kannst du mit der Flasche bitte nicht in meine Richtung zielen?«

»Meine Güte, bist du ein Schisser.«

Mit einem Plopp flutscht der Korken aus der Flasche. Lili schenkt mein Glas voll und reicht es mir. »Bitte schön, Herr Hase.«

»Danke schön, Frau Liebich«, sage ich und kippe das Glas in einem Zug runter. Ein lauter Rülpser bricht aus meinem Mund aus. Hoppla.

»Prost«, sagt Lili und schenkt mir noch ein Glas ein. Während ich diesmal nur einen kleinen Schluck nehme, dippt Lili ihre Banane in das Glas mit dem flüssigen Käse. Pfui Teufel.

»Ey, guck mich nicht so an. Ich bin im vierten Monat schwanger, ich darf das«, sagt sie schmatzend. »Erzähl mir lieber mal, wie du dich fühlst?«

»Ja guuut, des isch sicha kei ideale Situation.« Das ist so eine Macke von mir. Immer wenn mir ein Gespräch unangenehm wird, verwandle ich mich in Jogi Löw. Wieso, weiß ich eigentlich selber nicht so genau. Und Lili antwortet dann mit der Stimme von Franz Beckenbauer: »Ja gut, äh, sicha, aber i sog a moi, des is sie gar nicht wert. Du hast sicherlich eine liebe Frau verdient, die, i sog a moi, zu schätzen weiß, äh, was du für ein großartiger Mann bist. Sog i a moi.« Dann lachen wir beide über unsere schlechten Imitationen, und zumindest für eine Sekunde spüre ich nicht die klaffende Platzwunde in meinem Herzen. Nach einer kurzen Gesprächspause fragt Lili: »Wo willst du jetzt wohnen?« Jetzt spüre ich die Platzwunde wieder.

Hmm. Gute Frage. Ich war so damit beschäftigt, in meinem Trübsal zu planschen, dass ich mir über die Zukunft noch gar keine Gedanken gemacht habe. »Kann ich nicht bei dir pennen?«, frage ich und blicke flehend drein wie ein Teacup-Schweinchen auf der Schlachtbank. »Bloß für drei Monate. So lange dauert die Kündigungsfrist. Dann bin ich aus dem Mietvertrag raus und kann mir eine eigene Wohn…« Weiter komme ich nicht, weil Lili Luft einsaugt. Gute Nachrichten fangen nie damit an, dass jemand lautstark inhaliert. So fangen bloß Asthmaanfälle an. Als Hans-Dietrich Genscher den Fall der Mauer vom Balkon der deutschen Botschaft in Prag ausrief, hat er auch nicht vorher »Whuuuup« gemacht.

»Emil, du weißt, ich bin immer für dich da. Aber hier ist einfach kein Platz.«

»Ich könnte doch im Wohnzimmer schlafen.« Ich deute auf das blaue Stoffsofa an der Wand.

»Und Karola?«, fragt Lili. »Spätestens nach zwei Tagen drückt einer von euch dem anderen im Schlaf ein Kissen aufs Gesicht.«

»Siehst du? Das Problem ist schnell erledigt.«

»Spaßvogel. « Lilli nimmt das leere Sektglas sowie die Teetasse, die Bananenschale und den Käsedip vom Tisch und räumt alles in die Küche.

»Warum ziehst du nicht zu einem deiner vielen Freunde«, ruft sie von drüben herüber. Ich kann durch die Wand hören, wie sie dabei gluckst.

»Sehr witzig!«, rufe ich zurück. Lili weiß genau, dass ich keine Freunde außer ihr habe. Keine Ahnung, woran das liegt.

»Das kommt davon, wenn man der intoleranteste Mensch der Welt ist, Häschen.«

»Bin ich überhaupt nicht!«

»Hase, du hast dich ständig über meinen Ex lustig gemacht, weil er einen Hut trug.«

»So was machen ja wohl heutzutage auch nur Kapitäne und Amisch-Leute!«

»Und als ich dich neulich gefragt habe, ob du mit mir und zwei Kollegen mitkommst zum Poke-Bowl-

Essen – da hast du gemeckert, du isst keinen Hipster-Salat.«

»Schon gut, ich hab's kapiert …«

Lili kommt zurück ins Wohnzimmer. Unter der blauen Latzhose trägt sie nun noch ein weißes T-Shirt. »So, ich muss jetzt Karola von der Arbeit abholen. Wir wollen zusammen zum Baumarkt, um noch mehr Protestschilder zu besorgen. Soll ich dich vorher zu deiner Mutter fahren?«

Ich blicke sie an wie ein Reh das heranrasende Auto. »Warum zu meiner Mutter?«

»Na, irgendwo musst du doch wohnen.«

»Hm, stimmt. Scheiße.«

Kapitel 5

Ich stehe unten vor der Haustür zur Wohnung meiner Mutter und drücke auf die Klingel.

Ich klingle noch mal. Und noch mal.

Dann rauscht endlich die Sprechanlage.

»Ha…«

»Hallo, Mama. Ich bin's. Machst du bitte auf?«

»Hal…«

»Mama?«

»Hal…«

»Du musst mit dem Finger auf dem Sprechknopf bleiben, solange du redest, sonst höre ich dich nicht.«

Einen Moment ist es still.

»Schatz, kannst du mich jetzt hören?«

»Ja, jetzt ist gut.«

»Wieso seh ich dich nicht?«

»Das weiß ich nicht, Mama. Wahrscheinlich hast du nicht den Knopf für die Kamera gedrückt. Aber du hörst doch, dass ich es bin.«

»Stehst du schon lange vor der Tür?«

»Ja.«

»Bitte entschuldige. Ich hab zuerst gedacht, das Telefon hat geklingelt, und bin zum Hörer gelaufen. Aber da war niemand dran. Und dann hab ich erst gemerkt, dass das wahrscheinlich die Tür ist. Vorgestern waren die Techniker da und haben eine neue Sprechanlage eingebaut. Jetzt komm ich immer ganz durcheinander.«

Ein älterer Herr spaziert mit seinem Hund vorbei. Ich nicke ihm freundlich zu. »Schon in Ordnung. Aber kannst du jetzt bitte einfach die Tür aufmachen?«

Die Tür summt, und ich trete ein. Ich steige die Treppenstufen hinauf, und die Tür summt immer noch. Ich erreiche den ersten Stock, und die Tür summt weiter vor sich hin.

»Bist du drin?«, schallt es aus dem Stockwerk über mir.

»Jaha!«

»Guhut!«

Das Summen hört auf.

Als ich in der achten Klasse war, hatten wir einen Austauschschüler aus China für zwei Wochen bei uns zu Gast. Jede Nacht lag Chen Lu Li in seinem Bett und hat geweint. So stark hat er seine Dragon Mum vermisst, nachdem er erst mal gesehen hat, wie es bei uns zu Hause abläuft. Dabei ist meine Mutter eigentlich eine liebenswerte Dame, die ihre eigenen Bedürfnisse stets hintenangestellt hat, um sich um ihre Familie zu kümmern. Bloß leider übertreibt sie es dabei häufig ein wenig. So wie jetzt. Sie steht auf ihren kleinen Zehenspitzen im Wohnungsflur und begrüßt mich mit einem Kuss auf die Wange. Dann plumpst sie wieder zurück auf die Fersen und macht ein ernstes Gesicht. »Sag mal, hast du getrunken?«

»Ich bitte dich, Mama, es ist gerade mal fünf Uhr«, antworte ich ausweichend und schiebe mich an ihr vorbei in den Flur. Meine Mutter hat einen gewissen Hang zur Dramatik und macht sich schnell unnötig Sorgen. Deshalb habe ich schon früh als Kind gelernt, dass es besser ist, ihr gewisse Dinge zu verschweigen. Etwa das versehentliche Runterschlucken eines Hubba-Bubba-

Kaugummis oder eben eine geleerte Flasche Moët-Champagner am Nachmittag.

»Ich habe aber Alkohol gerochen«, beharrt sie.

»Ist vielleicht der Hoodie, ich hab den schon ewig nicht mehr gewaschen.«

»Hauch mich mal an.«

»Bestimmt nicht«, sage ich und lege den Sweater über das Trimm-dich-Rad, das schon seit Jahren nur noch als Garderobenständer dient.

»Du weißt, dass Alkohol keine Probleme löst, nicht wahr?«

»Ja, Mama«, seufze ich.

»Hm«, macht meine Mutter und mustert mich besorgt. »Na gut. Jetzt nimmst du erst mal ein schönes Bad, und dann fühlst du dich gleich besser.«

Für meine Mutter gibt es nichts, bei dem Badewasser nicht hilft. Das war schon so, als ich noch ein Kind war. Eine Sechs in Physik? Ferdi Pechler aus der 7b hat mir in der großen Pause mal wieder die Unterhose zu den Achseln hochgezogen? Die Antwort meiner Mutter lautete stets: »Jetzt spring erst mal in die heiße Badewanne, und dann schaut die Welt schon viel besser aus.« Meine Mutter hätte auch Anne Frank erst mal ein Schaumbad eingelassen. Um jemandem aus seinem Kummertal zu befreien, schreckt meine Mutter auch nicht vor dem Einsatz von B-Waffen zurück: Badekristallen.

»Du, jetzt will ich mich grad eigentlich nur kurz hinlegen und etwas ausruhen«, sage ich und gehe nach nebenan ins Wohnzimmer, wo ich mich auf dem Sofa ausstrecke. Die Bademeisterin trottet hinterher und lässt nicht locker. »Aber ich hab es doch schon eingelassen«, moniert sie und deutet auf die Zimmertapete, als würde dahinter im Badezimmer eine einmalige Gelegenheit auf mich warten. Das Aroma-Bad: eine Once-in-a-lifetime-Erfahrung, wie das Auftreten des Halleyschen Kometen oder die Geburt des ersten Kindes.

»Dann lass es halt wieder ab.«

»Das kommt überhaupt nicht infrage. Weißt du, wie viele Kilometer Kinder in Afrika teilweile bis zum nächsten Brunnen marschieren müssen, bis ihre Badewanne so voll ist?«

Ich bin mir zwar relativ sicher, dass die Menschen in Äthiopien größere Sorgen haben, als dass sie ihren Jacuzzi nicht vollkriegen, will aber auf das Thema nicht weiter eingehen. »Mama, Schluss jetzt. Ich bin ein erwachsener Mann. Ich entscheide, wann ich in die Badewanne gehe.« Das würde ich zumindest jetzt furchtbar gerne sagen. Tu ich aber nicht. Aus dem gleichen Grund, warum sich in Nordkorea niemand gegen Kim Jong-un auflehnt. Sonst wird man tagelang psychisch erniedrigt und gefoltert – oder man ist eben ein Gefangener von Kim Jong-un. Und beides ist nicht schön. Deshalb regiert der pausbäckige Despot immer noch über das kleine Land in Südostasien, und ich liege drei Minuten später mit angewinkelten Beinen in einer viel zu kleinen Badewanne unter einem Berg Schaum begraben. Im Wohnzimmer hat meine Mutter die CD *Meeresrauschen – Naturgeräusche zur Entspannung und Meditation* eingelegt und ganz laut aufgedreht, damit ich es auch im Badezimmer durch die geschlossene Tür noch höre und entspannen kann. Es würde mich nicht wundern, wenn die Nachbarn bald klopfen und sich über das zu laute Meeresrauschen beschweren. So unwohl hat sich bestimmt kein Mensch mehr in einer Badewanne gefühlt seit Uwe Barschel.

»Ich hab dir frisches Bettzeug rausgelegt. Du müsstest bitte nachher noch die Matratze vom Speicher holen«, sagt meine Mutter und betritt das Badezimmer. Ich kreische vor Schreck und greife fix nach einer Shampooflasche, die ich schützend über meinen Schritt halte. Pantene Pro-V 3 in 1. Shampoo, Conditioner und Suspensorium.

Meine Mutter macht eine abwinkende Handbewegung. »Meine Güte, jetzt stell dich doch nicht so an, dass …«

»Raaaaaauuuus!!!«

Als ich wenig später im Bademantel und mit nassen Haaren in die Küche komme, steht das Abendessen bereits auf dem Tisch. Es gibt Pasta. Bei meiner Mutter gibt es immer Pasta.

»Jetzt erzähl mal, wie geht's dir?«, fragt meine Mutter und schaufelt mit einer Kelle einen Haufen Spaghetti Carbonara auf einen Teller.

»Passt schon«, antworte ich knapp und nehme den Teller entgegen.

»Es kommt immer auch wieder ein Hoch im Leben, glaub mir.«

»Mama, es geht mir gut. Wirklich.« Ich wickle ein paar Spaghetti mit der Gabel auf und schiebe sie mir in den Mund.

»Meine Freundin Bärbel hat eine Tochter, die ist im gleichen Alter.«

»Aha.«

»Triff dich doch mal mit ihr. Das bringt dich auf andere Gedanken.«

»Mama, ich bin nicht mehr im Kindergarten«, schmatze ich mit vollem Mund. »Es braucht mittlerweile schon ein bisschen mehr als den gleichen Jahrgang, um miteinander auszukommen.«

»Sie wurde auch vor Kurzem verlassen.«

»Tolle Gemeinsamkeit.«

»Meine Güte, bist du anspruchsvoll.«

Ich spüle die letzten Spaghettireste in meinem Mund mit einem Schluck Wasser hinunter.

»Also, triffst du dich nun mit ihr?«

»Ich bin noch nicht so weit, Mama.«

»Du musst sie ja nicht gleich heiraten. Bloß einen Kaffee trinken. Das ist so eine tolle junge Frau. So gebildet und ambitioniert.«

»Ich seh schon, du weißt, worauf Männer stehen.«

»Jetzt mach doch nicht immer alles schlecht. Das ist eine Frau, die zu dir passen würde.«

Ich lege die Gabel ab und schaue meine Mutter eindringlich an. »Willst du damit etwa sagen, Ariane hat nicht zu mir gepasst?«

Meine Mutter seufzt. »Versteh mich nicht falsch. Du weißt, dass ich nie was gegen Ariane hatte …«

»Aber?«

»Aber ich fand sie immer ein bisschen zu humorlos für dich. Während Cosima sehr humorvoll ist.«

Ich klaube die Gabel wieder auf und drehe ein paar Spaghetti um die Zacken. »Die heißt nicht wirklich Cosima, oder?«

Meine Mutter runzelt die Augenbrauen. »Was stört dich an dem Namen?«

»Das klingt wie ein Spülmittel. Mit einem Tropfen Cosima kraftvoll gegen Fettreste. Dann klappt's auch mit dem Nachbarn.«

Meine Mutter nimmt das Schälchen mit dem geriebenen Parmesan vom Tisch und streut ihn über ihre Nudeln. »Ich finde, dafür, dass ich dich hier wieder wohnen lasse, könntest du mir ruhig auch mal einen Gefallen tun.«

»Jetzt glaub ich's aber!«, rufe ich empört und stampfe mit der Gabel auf den Tisch. Meine Mutter stochert, von meinem Wutanfall scheinbar ungerührt, in ihren Nudeln herum. »Dann halt nicht«, sagt sie mit leiser Stimme. »Es hätte mich halt bloß sehr glücklich gemacht.«

Dieses Argument ist so was wie die Bazooka im psychologischen Waffenschrank aller Mütter. Welcher Sohn sagt schon zu der Frau, die ihm das Leben geschenkt hat: »Mir ist egal, ob du glücklich bist.« Alfred Hitchcocks Norman Bates mag der berühmteste Muttermörder der Filmgeschichte sein, aber selbst der wäre daraufhin eingeknickt. Ich balle also die Faust um meine Gabel so fest zusammen, dass die Knöchel sich weiß färben, und knurre: »Meinetwegen. Dann geh ich halt mit dem Waschmittel aus. Menno.«

»Schon in Ordnung. Du musst nicht, wenn du nicht willst.« Dabei guckt sie wie ein Dackel bei Regenwetter.

»Ich will aber«, zische ich zwischen den Zähnen hervor. »Schick mir ihre Nummer auf WhatsApp.«

Ihre Miene hellt sich knallartig auf. »Ich hab sie dir ins Handy gespeichert, als du in der Badewanne lagst.«

Kapitel 6

Nach dem Abendessen steige ich die Treppen hinauf auf den Dachboden, um die Gästematratze herunterzuholen. Sie liegt eingestaubt in unserem Holzabteil begraben unter meinem alten Schaukelpferd und ist nicht viel dicker als eine Tafel Ritter-Sport-Schokolade. Die Prinzessin auf der Erbse bräuchte nach einer Nacht auf dem Ding wohl eine Morphium-Spritze gegen die Rückenschmerzen, aber für mich wird's schon gehen. Es ist ja bloß vorrübergehend, rede ich mir ein und rolle die Matratze zu einer Schaumstoff-Nudel zusammen. Diese klemme ich mir unter den Arm und gehe damit hinunter in die Wohnung.

Solange ich bei meiner Mutter wohne, beziehe ich eine kleine Kammer neben dem Badezimmer, die nicht viel größer ist als eine handelsübliche Umkleidekabine in einer H&M-Filiale. Früher war dies das Zimmer meiner Mutter. Ich hatte das große Zimmer auf der anderen Seite des Flures. Nach meinem Auszug ist meine Mutter in das große Zimmer gezogen. Das Kämmerchen hat sie zunächst als Abstellraum benutzt. Nachdem sie dann als Hebamme in den Ruhestand gegangen ist, wurde daraus ein Bastelraum, in dem sie gelegentlich die freie Zeit mit Schere und Uhu-Tube totschlägt. An den türkis gestrichenen Wänden des Zimmers hängen die lebensgroßen Origami-Köpfe von Giraffen, Nashörnern und Löwen in allen erdenklichen Farben. Der Raum sieht aus wie das Trophäenzimmer eines Wilderers auf Papier-Safari. Auf einem kleinen Basteltisch neben meiner Matratze stehen zwei Leitz-Ordner voll mit alten *Missy*-Ausgaben. Meine Mutter hat jede Ausgabe, in der ein Artikel von mir erschienen ist, aufgehoben. Ganz egal, wie klein mein Beitrag in dem Heft war. Ich ziehe ein paar Exemplare heraus und blättere durch meine alten Geschichten. Die Bananen-Saft-Diät, die ich damals einen Monat ausprobieren musste, und die 24-Stunden-Detox-Kur. Beim Durchstöbern der Seiten muss ich daran denken, wie meine Mutter mich nach dem Vorstellungsgespräch beim Böller Verlag anrief. Ich erzählte ihr von der FAKT-Absage und dem Angebot, stattdessen für *Missy* zu schreiben. Ihre Antwort war damals: »Kopf hoch, vielleicht ist das gar nicht so schlecht. Bei FAKT wärst du bloß einer von vielen Redakteuren. Aber bei einer Frauen-Zeitschrift hast du als Mann ein Alleinstellungsmerkmal. Wer weiß, wo dich das noch hinführt …« Am Ende hatte sie recht. Ohne die Stelle bei *Missy* hätte ich keinen Buchvertrag bekommen.

Meine Mutter gehörte schon immer zu dieser Gruppe von Menschen, die aus jeder noch so beschissenen Situation etwas Positives ziehen.

Stromausfall? »Jetzt können wir endlich mal den Kühlschrank abtauen.«

Stau auf der Autobahn? »Bei dem Tempo passiert zumindest kein Unfall.«

Die Russen fallen in Berlin ein? »Wenigstens berichten die Nachrichten mal wieder über was anderes als die Brexit-Verhandlungen.«

Manchmal kann sie einen damit ganz schön auf den Zaun treiben. Aber jetzt gerade wünschte ich, ich hätte von ihr diese Fähigkeit geerbt – und nicht ihre knubbelige

Knollen-Nase. Ich stecke die Zeitschiften wieder zurück in die Ordner und lege mich auf die Matratze. Mit offenen Augen liege ich auf dem Rücken und starre an die Decke, während ein Gedanke unaufhörlich seine Runden in meinem Kopf dreht: Ich bin 35 Jahre alt und wohne wieder bei Mama. Kann man denn ein noch größerer Versager sein? Marco Polo war in dem Alter bereits nach China gereist und hat mit Kublai Khan zu Abend gegessen. Und ich? Hab es lediglich vom großen Zimmer drei Meter über den Flur in das kleine Zimmer geschafft und bade mit meiner Mutter.

Über mir hängt der Kopf eines rosa Papier-Elefanten. Ich muss an Ariane denken und unsere Safari im vergangenen Jahr. Wir saßen hinten in einem offenen Jeep und hatten uns eng aneinandergekuschelt, weil wir die Juni-Kälte in Südafrika unterschätzt hatten, während vor uns eine Herde Elefanten graste. Ich war in diesem Moment so glücklich. Aber jetzt frage ich mich, ob Ariane mich damals wohl auch schon betrogen hat. Ich greife nach dem Handy, das neben meiner Matratze auf dem Fußboden liegt, und scrolle mich durch unsere alten Urlaubsfotos. Auf einem Foto schläft sie auf einem Schaukelstuhl auf der Terrasse unserer Lodge, wo wir damals übernachteten. Ich hatte es geschossen, als wir am Abend von der Safari zurückkamen. Es war immer mein Lieblingsfoto von ihr. Sie sieht darauf so zerbrechlich aus. Jetzt tut das Foto bloß noch weh. Meine Augen füllen sich mit Tränen. Ich muss mein Gesicht im Kopfkissen vergraben, um nicht laut loszuschluchzen. Ich will nicht, dass meine Mutter hört, wie ich weine. Was soll sie von mir denken? Ein erwachsener Mann, der weint. Sie macht sich sowieso schon genug Sorgen.

Ich öffne WhatsApp auf meinem iPhone und schicke das Foto an Ariane. Darunter schreibe ich: »Erinnerst du dich noch, wie glücklich wir damals waren?«

Ariane muss ihr Handy gerade in der Hand halten, denn sofort ändert sich ihr Status in »online«, und die beiden Häkchen unter dem Bild färben sich blau. Sie liest meine Nachricht also gerade. Ich bin so aufgeregt, dass ich noch nicht mal atme. Mit angehaltener Luft starre ich auf das Display und warte auf ihre Antwort. Ich bekomme aber keine Antwort. Und Ariane ist wieder offline. Wieder schwappen mir die Tränen in die Augen. Dann tippe ich eine weitere Nachricht in mein Handy:

Hallo Cosima,
meine Mutter ist der Meinung, wir sollten uns mal zum Spielen treffen. Was halten deine Mutter und du davon?
Liebe Grüße, Emil (der Sohn von Ulla)

Mal gucken, ob sie wirklich so viel Humor hat. Ich lege das Handy neben die Matratze und schließe die Augen. In der Nacht habe ich einen merkwürdigen Traum. Ich liege in einer Badewanne. Neben mir sitzt meine Mutter auf dem Wannenrand und kippt Spülmittel ins Wasser, als die Fitnessgurke nackt ins Badezimmer kommt und sich zu mir in die Wanne setzt. Mit Schweiß auf der Stirn schrecke ich aus meinem Schlaf.

Kapitel 7

Es ist fünf Uhr morgens. Trotzdem bin ich wach wie ein Baby nach drei Espresso. Egal ob ich auf dem Bauch liege oder die Embryonalstellung einnehme, ich kann einfach nicht mehr einschlafen. Sobald ich die Augen wieder schließe, kleben dort Bilder von Ariane auf der Rückseite meiner Lider. Ariane, wie sie beim Kochen fröhlich singt. Ariane, wie sie am Sonntagmorgen ihre Yoga-Übungen im Wohnzimmer macht. Ariane, wie sie es auf unserem Esstisch mit der Fitnessgurke treibt. Blöde Fitnessgurke. Aber so einfach gebe ich nicht auf. Ich werde jetzt auch mit Bodybuilding anfangen, und dann kommt Ariane schneller zu mir zurück, als sie »Körperfettanteil« sagen kann. Jawohl, das werde ich tun. Mein beknackter Nachbar ist nicht der Einzige, der ein paar Hanteln stemmen kann. Dafür braucht man schließlich kein Talent, bloß zwei Arme. Und die habe ich.

Vollgepumpt mit frischem Tatendrang rapple ich mich von meiner Matratze auf und beginne sofort, meinen Plan in die Tat umzusetzen. Schlafen kann ich ja sowieso nicht mehr. Ich hole den Laptop, den ich meiner Mutter zu Weihnachten geschenkt hatte, aus dem Bauernschrank im Flur, wo er seitdem unberührt vor sich hin altert, und setze mich damit an den Küchentisch unter das Fenster. In die Google-Leiste tippe ich den Suchbegriff »Bodybuilding Trainingsplan« und gelange auf die Homepage von Bruce Ryman, dem Mr. Universe von 2017. Ein eingeölter

Terminator mit Schultern wie Motorblöcke und Oberschenkeln, die aussehen, als hätte man ihm Sofakissen unter die Haut implantiert. Perfekt. Genauso will ich auch aussehen. Zum Glück war Mr. Universum so nett, sein Workout online zu stellen. Ich brauche es bloß abzutippen.

Montag: Brust		
Sätze	WH	Übung
4	6–8	Flachbankdrücken
4	6–8	Schrägbankdrücken Kurzhantel
3	8–12	Pullover mit Kurzhantel
2	15–20	Butterfly am Kabelzug

»Ich Depp«, stöhne ich laut. Dann hole ich mein iPhone aus dem Schlafkämmerchen und mache ein Foto von dem Bildschirm mit dem Trainingsplan. Abtippen … wie 2002 bin ich denn?

Leider bringt auch das intensivste Training nur halb so viel, wenn man sich danach drei Stück Käsekuchen reindrückt. Sagt Mr. Universum. Deshalb klicke ich als Nächstes auf seinen Ernährungsplan, der sich liest wie der Fütterungsplan für einen Elefanten. Zum Frühstück trinkt er einen Shake mit folgenden Zutaten:

0,5 Liter Milch
1 Banane
3 Eier
5 Esslöffel Haferflocken
1 Prise Zimt
500 Gramm Magerquark
3 Esslöffel Proteinpulver

Schon beim Abfotografieren der Zutaten krieg ich Verstopfung. Ich bin gerade damit beschäftigt, eine Einkaufsliste mit den Zutaten auf einen gelben Post-it-Zettel zu schreiben, als es an der Tür klingelt. Ich blicke auf die Digitaluhr am Backofen. Wer stört denn schon um sieben Uhr in der Früh? Es ist ein klobiger Mann mit unrasiertem Gesicht in einem braunen Werbe-T-Shirt mit dem Aufdruck »Snickers«, der quer über seiner Brust prangt. Angesichts seiner Leibesfülle tippe ich auf seinen Sponsor.

Das Snickers-Testimonial brüllt: »Eine Ihrer Scheißbienen hat mich gestochen.« Zum Beweis hält er mir seinen geschwollenen Daumen so nah vor meine Nase, dass ich nicht weiß, ob ich mich entschuldigen soll oder draufpusten. Nachdem meiner Mutter das Basteln zu langweilig geworden war, hat sie sich ein neues Hobby gesucht. Imkern. Weshalb seit ein paar Wochen ein Bienenstock auf ihrem Balkon steht, sehr zur Freude der Nachbarn. Da Bienen aber zu den Wildtieren zählen, verstoßen sie nicht gegen die »Keine-Haustiere-Regel« in der Hausordnung. Das interessiert unseren Nachbarn allerdings leider herzlich wenig. »Sie ticken doch nicht mehr ganz richtig!«, brüllt der wandelnde Schokoriegel weiter auf mich ein, und ich bereite mich innerlich schon darauf vor, dass er mir gleich eine verpasst. Ich hab mich noch nie geprügelt. Aber ich hab immer gedacht, wenn es irgendwann mal dazu kommen sollte, dann geht es dabei bestimmt um eine Frau. Dass es sich dabei um meine Mutter handeln würde, hatte ich nicht im Sinn. Hoffentlich haut er mir nicht auf die Nase. Ich will nicht den Rest meines Lebens aussehen wie Axel Schulz.

»Sie können doch keine Bienen in einer Stadtwohnung züchten!«

Kau- und Bauchmuskeln anspannen, dann tut es vielleicht nicht so weh.

»Schaffen Sie diese verdammten Viecher von Ihrem Balkon!«

Lange kann ich die Spannung nicht mehr halten. Ich muss gleich pupsen. Wann schlägt er denn nun endlich zu?

»Haben wir uns verstanden?«

Ohne meine Antwort abzuwarten, dreht das Snickers-Männchen daraufhin wieder um und stapft die Treppe hinauf zurück in sein Apartment.

»Was war das denn?« Meine Mutter steht ungeschminkt und mit zerrupftem Schopf im Morgenmantel hinter mir im Flur.

»Eine deiner Bienen hat einen der Nachbarn gestochen«, antworte ich und schließe die Wohnungstür.

»Der soll sich nicht so aufregen. Sein Hund kackt immer auf den Bürgersteig vor das Haus«, murmelt meine Mutter schlaftrunken und schlürft in die Küche. Ich folge ihr und setze mich wieder auf die kleine Bank unter dem Küchenfenster.

Nachdem meiner Bodybuilder-Karriere nun nichts mehr im Weg steht, wird es Zeit, an meiner Karriere als Bestseller-Autor zu arbeiten. Ich klicke daher auf das Word-Symbol in der Menü-Leiste meines Laptops und schreibe auf die erste Seite:

»Mister Missy«

von Emil Hase

Stolz lehne ich mich zurück und genieße das zärtliche Kribbeln in meiner Brust beim Anblick des Deckblatts. Mein eigener Roman.

Meine Mutter holt währenddessen zwei kleine Flaschen Actimel aus dem Kühlschrank, wovon sie eine direkt runterkippt wie ein Bauarbeiter seine Dose Bier. Es ist nämlich scheiße, wenn man Krebs hat. Oder Aids. Eine Leberzirrhose ist auch blöd. Aber so richtig am Arsch bist du erst, wenn deine Darmflora nicht mehr intakt ist. Da hilft dann auch kein Schaumbad mehr. Das ist zumindest die Meinung meiner Mutter, seit sie die letzte Ausgabe der *Apotheken Umschau* gelesen hat. Die hatten nämlich eine große Titelgeschichte über den Darm. Und weil die *Apotheken Umschau* für meine Mutter so wichtig ist wie Fox News für Donald Trump, ist meine Mutter seitdem sehr besorgt um ihre Darmflora. Genauer gesagt: um unsere beiden Darmfloren, weshalb sie das zweite Fläschchen vor mich auf den Tisch stellt. Vor einer Weile war ich bei ihr zu Besuch. Wir saßen im Wohnzimmer und guckten zusammen den Münster-*Tatort*, als mir aus Versehen ein Pups entwich. Daraufhin guckte sie mich mit runzeliger Stirn an und meinte: »Was war das?«

»Ich hab gepupst. Sorry.«

»Kann ich's bitte noch mal hören?«

»Äääh … nein?!«

»Wieso nicht?«

»Weil ich das nicht auf Kommando kann und wir auch nicht bei *Wetten, dass..?* sind.«

»Das klang aber nicht gut. Du solltest das mal von einem Arzt checken lassen.«

Damit endlich Ruhe ist und ich den Film weitergucken kann, habe ich einfach gesagt: »Ist gut, Mama. Mach ich.«

Als ich eine Woche später zum Abendessen da war, fragte meine Mutter mich: »Und? Was hat der Arzt gesagt?«

Ich guckte sie irritiert an. »Was meinst du?«

»Na, wegen deiner Darmflora?«

»Ach so, ja. Alles super«, log ich. »Ich verfüge über eine Parade-Darmflora. Genau so muss eine Darmflora sein, hat er gesagt.«

»Ja? Oh, super!«

In der dritten Klasse hatte ich einen Vorlesewettbewerb an meiner Schule gewonnen, und vor fünf Jahren habe ich die Patenschaft für ein Kind in Äthiopien übernommen. Aber meine Mutter wirkte nie so stolz auf mich wie in diesem Moment, als ich ihr sagte, ihr Sohn habe die schönste Darmflora der Welt.

Meine Mutter bleibt vor mir stehen und wartet darauf, dass ich mein Actimel austrinke. »Komm, du willst doch auch, dass deine Darmflora gesund bleibt.« Und weil ich nach 35 Jahren weiß, wann sich eine Diskussion lohnt und wann nicht, kippe ich das Zeug einfach wortlos runter. Meine Mutter sammelt das leere Fläschchen wieder ein und schmeißt es in den Müll. Anschließend greift sie aus dem Schränkchen über der Spüle einen Teller. »Was machst du eigentlich schon so früh wach?«, fragt sie, ohne sich zu mir umzudrehen.

Meine Mutter ist der neugierigste Mensch der Welt. Selbst Facebook sammelt nicht so viele Informationen über mich wie sie. »Wie war's in der Arbeit?« – »Wo gehst du hin?« – »Was ist das für ein Fleck an deinem Rücken?«

»Ich arbeite an meinem Buch«, antworte ich.

»Buch?« Meine Mutter dreht sich ruckartig um. Erst jetzt fällt mir ein, dass ich bei der ganzen Aufregung gestern ja noch gar nichts von dem Vertrag erzählt habe. Flugs bringe ich sie auf den neuesten Stand.

»Ein Verlag hat meine Buchidee gekauft.«

»Ja super. Klasse. Ganz toll.« Meine Mutter strahlt über das ganze Gesicht wie eine Weihnachtskette in Tschernobyl. »Wie aufregend. Mein Sohn, der Schriftsteller«, jauchzt sie und holt eine Scheibe Schwarzbrot aus dem Brotkasten. »Und wovon handelt es?« Ich zögere einen Moment, ob ich ihr den Inhalt wirklich verraten soll. Was, wenn ihr die Idee nicht gefällt? Der Verlag hat das Konzept bereits gekauft. Ändern kann ich daran sowieso nichts mehr. Ich wäre bloß verunsichert und beim Schreiben blockiert. Das kann ich nun wirklich nicht gebrauchen. Daher antworte ich mit einem bissigen Spaß: »Über eine neugierige Frau, die mit ihren Fragen die Familie in den Wahnsinn treibt.«

»Wow«, staunt meine Mutter. »Ich wusste gar nicht, dass du so kreativ bist. Das hast du bestimmt von deinem Vater.«

»Das glaube ich allerdings auch.«

In der Ecke der Küche, hinter der Tür, steht ein weißer Kübel. Darin lagern zehn Liter selbst geernteten Honigs. Sie taucht ein Buttermesser hinein und verteilt die klebrige Masse auf ihrem Brot, während mein Handy piepsend eine WhatsApp-Nachricht von Cosima ankündigt.

»Guten Morgen, Emil, finde ich eine prima Idee. Wenn du heute Abend noch nichts vorhast, könnten wir was trinken gehen. Wollen wir uns um 20 Uhr am Leonrodplatz treffen?«

Prima? Nur debile Großmütter sagen »prima«, wenn sie das Einser-Zeugnis ihres siebenjährigen Enkels loben. Ich bereue jetzt schon, mich auf das Date eingelassen zu haben. Trotzdem tippe ich in mein Display:

»Hi, 20 Uhr passt. Bis dann.«

»Wem schreibst du denn da?« Meine Mutter hat sich mit ihrem Honigbrötchen mir gegenüber an den Tisch gesetzt.

»Cosima«, murmle ich möglichst beiläufig, um das Thema schnell wieder zu beenden. Funktioniert aber leider nicht. Meine Mutter reißt die Augen auf, als wolle sie Pizzateller damit auffangen. »Oh, wie schön. Dann hat das also geklappt. Wo geht ihr denn hin?«, fragt sie und beißt in ihr Brötchen.

»Mal gucken. Irgendeine Bar halt.« Ich hätte genauso gut sagen können, dass wir ihrem ersten Enkelkind einfach den erstbesten Namen aus dem Telefonbuch geben. »Wie? Irgendeine Bar?«

Ich blicke genervt vom Laptop auf. »Ich vermute, du hast Einwände?«

»Na ja, ein bisschen Mühe könntest du dir schon geben. Eine Frau wie Cosima hat sicher viele Verehrer«, sagt meine Mutter und schiebt sich das letzte Stück ihres Brötchens in den Mund.

»Solltest du als meine Mutter nicht eher so was sagen wie, dass ich ein wundervoller Mann bin, und entweder Cosima mag mich um meinetwillen – oder sie ist selber schuld?«

Meine Mutter guckt schuldbewusst drein. »Du hast recht, entschuldige. Sie findet dich bestimmt toll.«

»Danke. Darf ich dann jetzt in Ruhe weiterschreiben?«

»Natürlich«, sagt meine Mutter und räumt ihren leeren Teller in die Spülmaschine. Dabei lockert sich ihr Bademantel und gibt den Blick frei auf ihren Busen. »Himmel, dein Bademantel …!«

»Huch, Springbreak«, lacht meine Mutter und zieht den Frottee-Gürtel enger. Aber da hat sich das Bild ihres entblößten Mama-Körpers schon in meinen Frontallappen gemeißelt. Ich verspüre das ganz starke Bedürfnis, mich mit umklammerten Knien in die Dusche kauern. Aber das lass ich besser. Meine Mutter würde bloß wieder hereinkommen, den Stöpsel in die Wanne stecken und eine Diskussion beginnen, warum ein Bad viel besser sei.

»Ich zieh mich jetzt an und fahr dann in die Stadt. Brauchst du irgendwas?«

»Könntest du mir bitte diese Sachen mitbringen?« Ich reiche ihr den Post-it-Zettel mit den Shake-Zutaten. Meine Mutter wirft einen kurzen Blick drauf. »In Ordnung«, sagt sie und lässt ihn in der Tasche ihres Bademantels verschwinden.

»Prima«, sage ich.

Kapitel 8

»Ich bin dann weg«, rufe ich durch die Wohnung und greife nach meinem Hausschlüssel auf dem kleinen Beistelltisch im Flur.

Meine Mutter steckt den Kopf aus der Küche. »So kannst du doch nicht aus dem Haus gehen.« Ich werfe einen Blick in den Wandspiegel über dem Tisch, kann aber keinen Fehler finden. »Wieso nicht?«

»Du hast keine Jacke an.«

»Und?«

»Wir haben März.« Sie sagt das so, als wäre alles Weitere selbstverständlich. Im Zoo steckt man nicht die Hand durch die Gitterstäbe des Löwenkäfigs, und im März verlässt man die Wohnung nicht ohne Jacke.

»Es sind doch bloß ein paar Meter bis zur Bahn«, entgegne ich. Die Wahrheit ist: Ich hasse Jacken. Ich stelle mich doch nicht eine halbe Stunde vor den Kleiderschrank, um ein Outfit auszuwählen – und dann verstecke ich alles unter einer zehn Zentimeter dicken Schicht aus Daunenfedern. In einer Jacke sieht man immer scheiße aus. Darum hört man Frauen auch nie sagen: »Chris Hemsworth ist ja schon ein Schnuckelchen, aber in einer dicken Daunenjacke sähe er noch heißer aus.« Klar, später ziehe ich sie zwar aus – aber schließlich ist der erste Eindruck am wichtigsten.

»Nimm wenigstens einen Schal mit.«

»Mama, ich bin 35 Jahre alt!«

»Oh, Entschuldigung«, sie fuchtelt wild mit der Spülbürste durch die Luft. Schaumbläschen spritzen durch den Flur. »Ich wusste nicht, dass man mit 35 keine Erkältung mehr bekommen kann. Bitte gib mir doch Bescheid, wenn ich aus dem Krebs-Alter herausgewachsen bin. Dann muss ich mir darum auch keine Sorgen mehr machen.«

Ich schließe die Augen und atme einmal tief durch. »Wenn ich keinen Schal anziehen möchte, dann hast du das einfach mal zu akzeptieren. Ende der Diskussion.«

Zehn Minuten später sitze ich mit dem Burberry-Schal meiner Mutter um den Hals gewickelt in der Tram und blicke aus dem Fenster. Worüber soll ich mich mit Cosima eigentlich unterhalten? Ich teste Beauty-Produkte für eine Frauenzeitschrift, wurde vor Kurzem von meiner Freundin betrogen und wohne nun wieder bei meiner Mutter. Nicht unbedingt eine Heldengeschichte, bei der ihr das Herz schmilzt. Dass ich über meine Verabredung praktisch nichts weiß, außer dass sie ziemlich verzweifelt sein muss, wenn sie Blind-Date-Einladungen von wildfremden Typen annimmt, hilft auch nicht gerade bei der Suche nach einem Gesprächsstoff.

Es ist bestimmt kein Zufall, dass dieselben Kulturkreise, die Yoga erfunden haben und den Buddhismus praktizieren, auch auf die arrangierte Ehe schwören. Das ist einfach viel entspannter.

Mit einem mulmigen Gefühl im Magen steige ich aus der Bahn. Vor der Apotheke, die wir als Treffpunkt vereinbart hatten, blicke ich auf die Uhr. Vier nach acht, aber von Cosima keine Spur. Vielleicht kommt sie ja gar nicht, denke ich, und ein kleiner Teil von mir wünscht sich das sogar. Ein frischer Wind zieht auf und pustet mich an. Ich ziehe den Schal enger. Vielleicht hätte ich doch eine Jacke anziehen sollen. Eine junge Frau radelt mit ihrem Fahrrad auf dem Bürgersteig auf mich zu. Ihre spitze Nase balanciert ein schwarzes Brillengestell. Außerdem hat sie ein langes Kinn und abstehende Ohren. Ihr Gesicht sieht ein bisschen aus wie der Champions-League-Pokal, der von einem Fahrradhelm beschützt wird. Darunter trägt sie eine blaue Jeans und ein dunkles Sakko. Das ist bestimmt nicht Cosima. Wer trägt denn ein Sakko zu einer Verabredung? Die Dame sieht eher so aus, als würde sie gleich neben Ingo Zamperoni die Tagesthemen vortragen. Sie hüpft von ihrem Rennrad und schnallt sich den Helm vom Kopf. In einem Film würde darunter jetzt eine wallende Mähne zum Vorschein kommen, die sie in Zeitlupe lasziv durch die Luft schwingt. Aber da schwingt überhaupt nichts. Die Dame trägt einen brünetten Kurzhaarschnitt. Auch das noch.

»Bist du Emil?«

Okay, letzte Chance, um aus der Nummer rauszukommen. Sag einfach Nein.

»Ja?« Idiot.

»Cosima, freut mich«, sagt sie und streckt mir die Hand entgegen, als ich gerade einen Schritt auf sie zu mache, um ihr zwei Wangenküsse zu geben. Na toll. Wenn der Rest des Abends genauso steif wird wie die Begrüßung, dann hoffe ich, dass meine Mutter doch recht behält und mich möglichst rasch der Kältetod ereilt. Selbst mein Urologe hatte mich wärmer empfangen, als ich vor ein paar Monaten bei ihm war zur Hodenkrebskontrolle. Der hatte mir dabei wenigstens den anderen Arm freundschaftlich auf die Schulter gelegt.

»Freut mich auch«, sage ich und schüttele ihre Hand.

»Bitte entschuldige die Verspätung. Das ist sonst eigentlich gar nicht meine Art.« Angesichts ihres spießigen Outfits glaube ich ihr das sofort.

»Kein Problem, alles gut.«

»Hast du eine Idee, wo wir hingehen wollen?«

»Hm ...« Ich denke einen Moment nach. »In der Nähe gibt es ein Irish Pub, da ist heute Quiz Night.«

»Warst du da schon mal?«

»Ein oder zwei Mal. Ist eigentlich immer ganz nett.«

Eine Arbeitskollegin hatte Ariane mal dorthin mitgenommen. In der Woche drauf ist Ariane dann mit mir hingegangen, weil wir beide Spieleabende lieben. Und jeden weiteren Freitag auch. Unser Team-Name war »Pinky und Brain«. Gewonnen haben wir zwar nie, und manchmal gab es auch Zoff, wenn einer von uns eine falsche Antwort abgab – aber das gehörte zum Spaß irgendwie dazu. Insgeheim hoffe ich, dass Ariane heute mit einer Kollegin auch wieder da ist und mich mit Cosima sieht. Es kann nicht schaden, sie ein bisschen eifersüchtig zu machen. Vielleicht begreift sie ja dann, welchen Fehler sie gemacht hat.

»Na gut, warum nicht«, sagt Cosima, hängt ihren Helm über den Fahrradgriff und schiebt das Rad neben mir her. Währenddessen suchen die kleinen Männchen in meinem Hirn fieberhaft nach einem Gesprächsthema.

»Wie war dein Tag?«, frage ich.

»Gut«, sagt Cosima. »Deiner?«

»Abgesehen davon, dass ich kaum zum Arbeiten gekommen bin, weil meine Mutter mich zu Hause in den Wahnsinn treibt, eigentlich auch ganz gut.«

»Du wohnst noch bei deiner Mutter?« Cosima guckt, als würde ich die Nachbarshunde mit Glassplittern füttern.

»Nur vorübergehend, bis ich eine neue Wohnung gefunden habe.«

»Ah.«

Pluspunkte scheine ich mit meiner Wohnsituation keine gesammelt zu haben. Das ist mal wieder typisch. Der Mann meiner ehemaligen Kollegin Annette ist Grieche. Der hat in Athen zusammen mit seiner Mama, seinem Papa, seiner Oma und seinen drei Schwestern gewohnt – und trotzdem ist die Annette nach ihrem Urlaub gleich bei ihm geblieben. Aber wenn man als Deutscher mal für ein paar Wochen bei seiner Mutter wohnt, dann ist man natürlich sofort ein Muttersöhnchen. Das ist Rassismus, jawohl!

Um möglichst schnell das Thema zu wechseln, frage ich: »Woher hast du die Narbe?«

»Die?« Cosima tippt mit dem Zeigefinger auf die Stelle unterhalb ihres linken Auges. Fast so, als wäre ihr Gesicht mit Narben übersät, und wir müssen erst mal festlegen, über welche wir uns unterhalten. »Da bin ich als Kind beim Spielen im Wald an einem Ast hängen geblieben.«

»Autsch.« Ich verziehe schmerzverzehrt das Gesicht. »Ich hab auch eine«, sage ich und präsentiere ihr die kleine Narbe auf meinem Handrücken.

»Wo hast du dir die geholt?«, will Cosima wissen.

»In Guantanamo.«

Mein Date bleibt abrupt stehen. »*Du* warst in Guantanamo???«

»Ja, ist aber schon zwei Jahre her.«

»Krass. So wirkst du gar nicht.«

»So? Wie wirke ich denn?«

Cosima fährt mit den Augen meinen Körper ab. »Keine Ahnung. Eher wie ein Stubenhocker, der seine Freizeit am liebsten vor dem Fernseher verbringt.«

Okay, Menschenkenntnis scheint sie zu besitzen. Trotzdem gebe ich mich lieber entrüstet. »Danke, sehr charmant.«

»Jetzt erzähl! Wie kamst du nach Guantanamo?«

»Ich musste für die Arbeit dorthin.«

»Für die Arbeit?«, wiederholt Cosima ungläubig. »Also bist du Soldat?«

»Autor«, korrigiere ich.

»Krass! Und da haben die dich nach Guantanamo geschickt für einen Undercover-Report?«

»Ne, für einen Hotelcheck.«

»Hä? Versteh ich nicht. Guantanamo ist doch ein US-Gefängnis!?«

»Guantanamo Bay ist das Gefängnis. Und das liegt in dem kubanischen Bundesland Guantanamo. Ist eigentlich ganz hübsch dort. Die haben da auch einen wunderschönen Nationalpark. Aber leider bin ich bei einer Wanderung auf dem matschigen Boden ausgerutscht und hab mir die Hand an 'nem Stein aufgeschürft.« Ich deute noch mal zur dramatischen Untermalung meiner Geschichte auf den Handrücken. »Scheiß Matsch. Guantanamo ist echt nicht ohne.«

»Ach sooo«, nölt Cosima und setzt sich wieder in Bewegung. Irgendwie wirkt sie enttäuscht. »Und für welche Zeitschrift schreibst du?«

»Äh, also ... *Missy*«, murmele ich verlegen.

»Dieses Girly-Blatt?«

»Hmhm. Aber jetzt schreibe ich gerade an einem Buch«, sage ich mit Stolz in der Stimme.

»Verstehe«, sagt Cosima, wobei ich mir nicht sicher bin, ob sie meine Worte wirklich verstanden hat. Jedenfalls kann ich keine Anzeichen von Bewunderung oder Staunen erkennen, womit ich eigentlich gerechnet hatte.

Immerhin schreibe ich ein Buch. Wie viele Menschen können das bitte schön von sich behaupten?

»Ich hatte in der Uni auch mal einen Kreatives-Schreiben-Kurs belegt, aber das fand ich total langweilig.«

»Ah. Okay. Na ja, ist halt Geschmackssache.«

»Und bist du bei dem Magazin fest angestellt?«

»Ja, aber ich genieße da zum Glück einige Freiheiten und kann meistens ausschlafen. Dafür muss ich aber eben auch man an 'nem Samstag nach Guantanamo. Künstlerleben halt, ne.«

Ich zwinkere ihr mit einem Lächeln zu. Cosima lächelt nicht.

»Für mich wäre das nichts. Ich brauche Struktur in meinem Alltag.«

»Was machst du denn?«, frage ich, wobei es mir schwerfällt, nicht schnippisch zu klingen. Es ärgert mich, dass sie meinen Job nicht cool findet.

»Ich bin Vorstands-Assistentin bei BMW.«

»Aha«, sage ich und füge mindestens genauso trocken noch hinzu: »Für mich wäre das nichts«, obwohl ich eigentlich gar keine Ahnung habe, was man da macht.

An einer roten Ampel bleiben wir stehen. Neben mir sitzt ein Schönling auf seinem Fahrrad. Das heißt, eigentlich steht er auf seinen Pedalen und balanciert das Rad im Stand aus. Was für ein blöder Angeber.

Als das Licht grün wird, tritt er wieder in die Pedale. Ich setze meinen Fuß auf die Straße, aber Cosima hält mich am Arm zurück. »Weißt du, wer das gerade war?«

»Wer?«

»Na, der Typ neben dir.«

Ich habe keinen Schimmer, aber Cosima wirkt aufgeregt. Ihre Finger bohren sich in meinen Unterarm. »Florian David Fitz.«

»Florian … wer?«

»Oh. Mein. Gott! Jetzt sag nicht, du kennst den Fitzi nicht?«

Ich zucke mit den Achseln. »Sorry.«

»*Doctor's Diary*?«

»Dein Gynäkologe?«

Cosima guckt mich an, als säße ein Zwerg auf meiner Schulter und singt »Schwarzbraun ist die Haselnuss«.

»Vincent will Meer???«

»Ein Schauspieler?«, wage ich vorsichtig noch einen Versuch.

»Und außerdem der heißeste Mann der Welt.«

Na, gut zu wissen. Kein Wunder, dass die radelnde Champions-League-Visage noch Single ist. Vielleicht sollte ihr mal jemand erklären, dass es nicht besonders clever ist, seinem Date von anderen Männern vorzuschwärmen.

»Komm, los!«, drängelt Cosima.

Jetzt bin ich es, der verdutzt guckt. »Wohin?«

»Ihm hinterher natürlich.« Sie sagt das ganz selbstverständlich, als wäre die Verfolgung eines Prominenten so natürlich wie das Abtrocknen nach dem Duschen.

»Aber ich hab kein Fahrrad.«

»Spring vorn auf meinen Lenker. Nun mach schon.«

Ich suche noch die optimale Sitzposition und rutsche mit meinem Hintern hin und her, da strampelt Cosima schon in die Pedale, als wäre sie beim Zeitfahren für die Tour de France. Ich kann im Nacken ihren heißen Atem spüren, was in Romanen definitiv erotischer klingt, als es tatsächlich ist. Ich kann nämlich auch ihr Spucken spüren.

»Dir ist aber schon klar, dass Schauspieler auch nicht gerade einen strukturierten Tagesablauf haben, oder?«

»Ich höre kein Wort, wenn du da vorn sitzt.«

»Ach, schon gut.«

»Was?«

»Passt schon!«

Vor uns biegt der Schauspieler in eine Seitenstraße, und Cosima zieht mit ihrem Bike nach rechts. Dabei kreuzt sie die Trambahn-Gleise, und das Vorderrad rutscht auf dem glatten Untergrund der Schiene weg. Das Rad fängt an zu straucheln, und schließlich stürzen Cosima und ich mit einem Schrei auf den Asphalt. Das heißt: Eigentlich knallen wir erst gegen ein geparktes Auto und prallen dann von dort auf die Straße.

»Hast du dir wehgetan?«, frage ich und blicke zu Cosima. Doch die ist schon aufgesprungen und sitzt wieder auf dem Fahrrad. »Komm, weiter. Sonst ist er gleich weg.«

Die Alte hat doch nicht mehr alle Klammern im Tacker. »Fahr du mal allein weiter. Ich werd' lieber nach Hause gehen und meine Hand verarzten«, sage ich mit Blick auf meine aufgeschürften Fingerknöchel.

»Sicher?«

»Ja, ja.«

»Na gut, dann noch einen schönen Abend«, sagt Cosima und tritt in die Pedale. Nicht mal die Hand hat sie mir zum Abschied geschüttelt.

Kapitel 9

Als ich am nächsten Morgen in die Küche schlurfe, sitzt meine Mutter bereits am Esstisch und liest die FAKT.

»Einen wunderschönen guten Morgen, der Herr«, sagt sie und legt die Wochenzeitung auf den Schoß. »Ich hab frische Brezen vom Bäcker geholt. Magst du?« Sie schiebt den silbernen Brotkorb ein paar Zentimeter über den Tisch in meine Richtung, als wäre ich ein scheuer Spatz, der sich so anlocken lässt.

»Danke, aber heute nicht«, sage ich und öffne den Kühlschrank. Argwöhnisch studiere ich das Verfallsdatum auf einer 500-Gramm-Packung Magerquark. Gestern abgelaufen. Hm …

»Seit wann magst du keine Brezen?«

»Ich fang heute mit meiner Diät an.«

Ich ziehe die Folie von der Quarkpackung und rieche vorsichtig daran. Scheint noch gut zu sein. Also kippe ich den weißen Batz in einen Mixer.

Meine Mutter hingegen guckt, als hätte ich ihr gerade mitgeteilt, dass ich in Zukunft lieber als Frau weiterleben möchte. »Wieso das denn? Du bist doch eh schon so dürr.«

»Deswegen will ich ja auch Muskelmasse zulegen.« Ich greife mir eine Banane aus dem Obstkorb und schmeiße sie ebenfalls in den Mixer.

»Dafür braucht der Körper Eiweiß.«

»Ich hab auch Frischkäse gekauft. Den kannst du auf die Breze streichen.«

»Danke, Mama. Aber ich halte mich lieber an meinen Ernährungsplan.«

»Na gut, wie du meinst.« Meine Mutter widmet sich beleidigt wieder ihrer Zeitung, während ich auf meinem Handy nachlese, welche Zutaten noch fehlen. »Wo hast du die Haferflocken hingetan?«

»Hier in der Kaffeedose.« Meine Mutter reicht mir einen blauen Metallzylinder vom Fensterbrett. Dabei bemerkt sie meine aufgeschürften Fingerknöchel. »Huch, was ist denn mit deiner Hand passiert?«

»Ach, ich hatte einen kleinen Fahrradunfall«, sage ich und schütte die Haferflocken in den Mixer.

»Du besitzt doch gar kein Fahrrad.«

»Ich nicht, aber das tolle Date, mit dem du mich verkuppelt hast«, sage ich und reiße die Packung mit dem »Muscle Milk Protein« auf, die meine Mutter gestern gekauft hat. Davon schaufle ich drei Esslöffel in mein Mucki-Potpourri.

»Sei ehrlich, hast du dich mit jemandem geprügelt?«

»Quatsch«, sage ich und gieße noch drei Gläser Milch hinzu. Keine Ahnung, ob das jetzt ein halber Liter war, aber es wird schon passen. »Ich sagte doch, dass ich vom Fahrrad gefallen bin.«

»Du würdest mir doch sagen, wenn du eine Rauferei hattest, oder?«

»Selbstverständlich nicht. Ich bin doch nicht blöd«, antworte ich und nehme drei Eier aus dem Kühlschrank.

»Was? Wieso das denn nicht?«, ruft meine Mutter schockiert.

»Verdammt.«

»Was ist?«

»Mir ist Eierschale in den Mixer gefallen«, seufze ich und fische mit den Fingern vorsichtig danach.

»Pass auf!«, kreischt meine Mutter.

»Was?« fahre ich erschrocken herum.

»Mensch, du kannst doch nicht einfach in den Mixer greifen. Ist der Stecker gezogen?«

»Natürlich, Mama. Ich bin doch kein Idiot«, sage ich und gucke vorsichtshalber doch mal nach. Tatsächlich steckt das Kabel noch in der Stromdose. Hoppla. Unauffällig ziehe ich den Stecker raus.

»Also?«, fragt meine Mutter.

»Was?«, antworte ich und streue noch etwas Zimt auf meinen Shake. Dann stecke ich den Stecker wieder in die Steckdose und schalte den Mixer ein.

»Warum wäre das bitte schön blöd, mit deiner Mutter offen über alles zu reden?«, ruft meine Mutter gegen das Dröhnen an.

»Du würdest dir nur unnötig Sorgen machen und eine Million Fragen stellen. So wie jetzt.«

»Ich verstehe kein Wort bei dem Lärm.«

Ich schalte den Mixer wieder aus und schraube das Trinkgefäß von der Station. »Du würdest dir bloß unnötig Sorgen machen«, wiederhole ich.

Meine Mutter guckt zu, wie ich die Eiweißpampe hinunterwürge. Nach ein paar Schlucken bin ich bereits pappsatt, und dabei habe ich noch nicht mal die Hälfte geschafft. Bodybuilding ist echt anstrengend.

»Also hast du dich gestern doch geprügelt!?«

»Himmel, Arsch und Zwirn. Ja, Mama, ich geb's zu. Ich hab mich gestern mit Cosima geprügelt. Ich wollte Pizza, sie wollte lieber zum Thai – da hab ich ihr meine Faust zu schmecken gegeben. Du hast mich durchschaut. Zufrieden?« Ich nehme noch einen Schluck und setze mich dann mit meinem Becher zu ihr an den Küchentisch.

»Können wir das Thema damit jetzt bitte beenden?«

»Wie du meinst«, sagt meine Mutter eingeschnappt und hält sich die Zeitung vors Gesicht. Nach einer Weile höre ich ihre Stimme hinter dem Papier: »Was hast du heute denn so vor?«

»Ich wollte nachher mal zu dem Gym hier in der Nähe gucken und mich dort anmelden«, sage ich und nippe am Becher.

»Ach!«, sagt sie und lässt die Zeitung sinken. »Das ist eine gute Idee. Da könnte ich doch mitkommen, oder?«

Vor Schreck kommt mir fast der Fitness-Shake wieder hoch. »Wie?«

»Na, wir könnten da doch zusammen hingehen.«

»Aber … wieso?«

»Der Arzt hat gemeint, ich müsste Gymnastik machen. Wegen meines Blutdrucks.«

»Ich mache aber keine Gymnastik.«

»Nein?«

»Nein! Gymnastik ist, wenn man mit einem Stirnband auf dem Kopf vor dem Fernseher den Hampelmann macht.«

»Und was machst du?«

»Bodybuilding.«

»Meinetwegen, dann machst du eben mit deiner Mutter zusammen Bodybuilding.«

»Toll, du schaffst es sogar, dass das Wort ›Bodybuilding‹ unmännlich klingt.«

Kapitel 10

Am Empfang des Fitnessstudios steht eine junge Frau in einem türkisfarbenen Polohemd. Darauf prangt das Logo einer grünen Lauchstange, die ihre aufgepumpten Muskel-Arme in die Hüfte stemmt. Das ist wirklich die bescheuertste Firmenkleidung, die ich in meinem Leben je gesehen habe. Trotzdem lächelt die Dame uns fröhlich an.

»Guten Tag, wir sind Familie Hase. Wir kommen, um hier zu trainieren.«

Das ist die Standardbegrüßung meiner Mutter, wenn sie irgendwohin kommt. Bei der Einreisekontrolle am Flughafen: »Guten Tag, mein Name ist Hase. Ich komme, um hier Urlaub zu machen.«

Im Restaurant: »Guten Tag, mein Name ist Hase. Ich komme, um hier zu essen.«

An der Kinokasse: »Guten Tag, mein Name ist Hase. Ich komme, um hier einen Film zu gucken.«

»Sehr schön«, sagt das Mädchen hinter der Rezeption. »Habt ihr euch denn schon angemeldet?«

»Noch nicht«, mische ich mich in das Gespräch ein. »Wir würden heute gerne erst mal ein Probetraining machen, geht das?«

»Klar, gar kein Problem. Wart ihr denn schon mal in einem Gym?«

»Ich bin eine Weile zur Aqua-Gymnastik gegangen«, sagt meine Mutter.

»Aber in einem Fitnessstudio wie diesem warst du noch nicht?«

Meine Mutter schüttelt den Kopf.

»Macht ja nichts«, sagt die Empfangs-Trainerin und richtet den Blick nun auf mich. »Und du?«

»Ich war vor drei Jahren schon mal in einem angemeldet. Bin aber nicht wirklich oft hingegangen«, gestehe ich kleinlaut meine mangelnde Disziplin.

»Okay, dann kriegt ihr von mir eine kleine Einweisung. Zieht euch einfach dort hinten bei den Umkleiden um und wartet dann bitte im ersten Stock auf mich. Ich komme gleich hoch«, sagt die Fitnesstrainerin und reicht zunächst meiner Mutter und dann mir die Hand.

»Ich bin übrigens Maike.«

»Ulla«, sagt meine Mutter.

»Emil«, sage ich.

Ich bin als Erstes umgezogen und warte nun oben im Cardio-Bereich wie befohlen darauf, dass meine Mutter und Maike sich zu mir gesellen. Dabei joggen mir zwei Fragen durch den Kopf:

1. Ob Arnold Schwarzenegger wohl auch mit seiner Mama trainiert hat?

2. Wieso haben kurze Trainingshosen eigentlich nie Hosentaschen, in denen man seine Hände vergraben kann? Es ist wirklich sauschwer, halbwegs cool in der Bauch-Beine-Po-Ecke abzuhängen, wenn die Arme schlaff nach unten hängen und links und rechts von mir junge Frauen in Stretchhosen auf allen vieren knien und ihre Beine abwechselnd zur Decke strecken. Ich sollte vielleicht besser auch irgendeine Übung machen, bevor mich noch jemand für einen notgeilen Spanner hält, der sein Tchibo-Sporthandtuch in Chloroform getunkt hat. Mach ich mich

halt schon mal warm, bis die anderen kommen, denke ich und breite mein Handtuch auf einer freien Schaumstoffmatte aus. Zwanzig Kniebeugen sollten reichen.

Eins.

Zwei.

Drei.

Vier.

Füünf. Jetzt wird's schon schwieriger.

Seeeechs.

Sieeeben.

Nooo paaaiiiin no gaaaaiii… Aaaaaacht.

Neeeeeeeuuuuneuneuneu… Flatsch! Mein Po platscht auf die Matte wie ein Nutella-Toast auf den Fußboden. Ächz. Da hab ich beim letzten Mal vor drei Jahren aber noch mehr geschafft. Schnaufend nehme ich einen Schluck aus meiner Wasserflasche. Auf der anderen Seite des Raumes kommt meine Mutter die Treppe hoch, zusammen mit einem Bären von einem Kerl. Er trägt einen roten Hoodie, dem die Ärmel fehlen. Wahrscheinlich, weil sie nicht reingepasst haben. Ich habe schon Werbesäulen gesehen, die schmaler waren als diese Arme. Die Kapuze hat er über den Kopf gezogen, sodass ich bloß die Nasenspitze und den schwarzen Balbo-Bart über seinem breiten Kinn erkennen kann. »Mach's gut, Ulla. Hat mich gefreut. Und vielen Dank noch mal«, sagt der Bodybuilder-Bär und tätschelt meiner Mutter freundschaftlich die Schulter, ehe er in den Spinning-Raum hinübertrottet.

»Was war das denn gerade?«, frage ich, als meine Mutter vor mir steht.

»Was meinst du?«

»Na, ich meine natürlich den aufgepumpten Nikolaus.«

»Ach, das ist Janis.«

»Aha!?«

»Wir sind uns unten vor der Umkleide über den Weg gelaufen. Er hat mich gebeten, ein Foto zu schießen, wie er Klimmzüge macht. Da gibt es so eine App, wo man Bilder postet. Die heißt Insta… irgendwas.«

»Instagram.«

»Die kennst du?«

»Die benutzt doch jeder.«

»Hättest du mir ja auch mal zeigen können …«

»Was möchtest du denn bitte schön posten?«

»Na, zum Beispiel Transformation-Fotos.«

»Hä?«

Meine Mutter hält mir ihr Handy vors Gesicht. Darauf ist ein Instagram-Foto von ihr zu sehen, auf dem sie in ihrer pinken Jogginghose und dem weißen Spaghetti-Top seitlich zu einer Wand steht. »Ich soll jeden Monat so ein Foto machen, hat der Janis gesagt. Und dann unter dem Hashtag *#transformationtuesday* hochladen.«

Meine Mutter steckt ihr Handy wieder in die Jogginghose. Neidisch stelle ich fest, dass ihre über Hosentaschen verfügt. »Was ist eigentlich ein Hashtag?«

Ich erkläre meiner Mutter gerade die Funktion von Schlagwörtern im Internet, als Maike vom Empfang nach oben kommt. »So, alle umgezogen und startklar?«

Meine Mutter und ich nicken beide artig wie kleine Kinder vor dem Weihnachtsmann.

»In Ordnung. Ich würde sagen, dann machen wir uns jetzt als Erstes mal warm.« Sie führt uns zu einer Fensterfront, vor der sieben Laufbänder nebeneinanderstehen und auf eine McDonald's-Filiale auf der anderen Straßenseite blicken. Auf den beiden äußeren Laufbändern verausgaben sich gerade zwei übergewichtige

Herren im mittleren Alter. Es wirkt ein bisschen so, als wollten sie unbedingt zu dem Fastfood-Restaurant laufen und kämen ihrem Ziel einfach nicht näher. Meine Mutter und ich stellen uns auf die beiden freien Laufbänder in der Mitte und bekommen eine kurze Einweisung.

»Alles klar?«, fragt Maike am Ende.

Wir beide nicken wieder artig.

»Super. Also zehn Minuten entspanntes Joggen, um die Muskulatur auf Temperatur zu bringen, und ich hol euch danach wieder ab.«

»Supi«, sagt meine Mutter.

»In Ordnung«, sage ich und befestige meine Wasserflasche in der dafür vorgesehenen Halterung. Ich hänge mein Handtuch über das Geländer an der Seite und stelle den Timer auf zehn Minuten. Los geht's. Nach vier Minuten und siebzehn Sekunden höre ich neben mir die Stimme meiner Mutter. »Darf ich dich kurz unterbrechen?«

»Hä?«, schnaufe ich.

»Ich glaube, du läufst falsch.«

»Was ... ist ... los?«

Meine Mutter schaltet ihre Maschine auf eine niedrige Stufe. »Guck mal auf meine Füße.« In Zeitlupe setzt sie zunächst die Ferse auf das Gummi des Laufbands und anschließend Stück für Stück den Rest des Schuhs.

»Du musst den Fuß abrollen«, erklärt sie.

»Ja, ja«, sage ich und laufe einfach weiter wie bisher.

»Wirklich.«

Ich drücke auf die Stopp-Taste auf meinem Laufband. »Mama, es ist in Ordnung, wenn wir zusammen zum Sport gehen. Aber könntest du mich bitte trainieren lassen, wie ich möchte? Außerdem denke ich, dass ich ein bisschen mehr Erfahrung beim Sport habe als du. Okay?«

»Bitte, wie du meinst«, sagt meine Mutter beleidigt und legt wieder einen Zahn zu. Auch ich drücke wieder auf Start.

Nach 9 Minuten und 27 Sekunden, in denen ich laut der digitalen Anzeige auf meinem Laufband 53 Kalorien verbrannt habe, was in etwa einem Zehntel von einem Twix-Riegel entspricht, kommt Maike vorbei und stellt sich neben mein Laufband. »Du, wart mal kurz.«

Oh Mann. Wieder runterschalten. Das ist ja hier wie im Stadtverkehr. »Ja?«

»Du läufst falsch.«

Im Untergeschoss des Münchner Marienplatzes gibt es einen Obdachlosen, der immer auf den Händen geht, damit ihm die Passanten ein paar Euro zuwerfen. Ich hätte durchaus Verständnis, wenn zu dem mal jemand sagt: »Du, wart mal kurz. So läuft man fei eigentlich nicht.« Aber was mache ich denn bitte schön falsch?

»Versuch mal, den Fuß beim Aufsetzen abzurollen.«

»Das hab ich ihm auch schon gesagt«, mischt sich meine Mutter ein. »Bei mir ist es richtig, oder?« Wie ein kleines Kind in der Schule, das dem Lehrer beweisen möchte, dass es mehr weiß als sein Banknachbar. Solchen Strebern haben wir früher im Pausenhof die Unterhosen zu den Achseln hochgezogen. Allerdings will ich nicht die Tena-Lady-Einlagen meiner Mutter anfassen – also lass ich sie damit heute noch mal durchkommen. Die Fitnesstrainerin nickt. »So ist es richtig.«

»Alles klar«, sage ich und mache ebenfalls einen Schritt. Ich fühl mich wie bei einer Führerscheinprüfung fürs Zu-Fuß-Gehen. Und so, wie meine Prüferin gerade dreinblickt, würde sie mich wohl durchfallen lassen. »Du musst die Ferse richtig abrollen. Guck dir noch mal an, wie deine Mutter das macht.«

Mit einem konzentrierten Gesichtsausdruck, als ob sie unter den Augen der ganzen Welt zum Matchball im Wimbledon-Finale aufschlägt, vollführt meine Mutter einen weiteren Schritt. Ich mache ihr buchstäblich Schritt-für-Schritt alles nach. Ich guck sogar genauso ernst. »Besser«, sagt Maike mit einem zufriedenen Nicken. Dann klatscht sie in die Hände. »So, wie sieht's aus? Seid ihr warm?«

»Noch wärmer, und ich gehe in Flammen auf«, schnauft meine Mutter und zupft sich das nass geschwitzte Top vom Bauch.

»Wenn ich den Feuerlöscher holen soll, gibst du Bescheid, gell, Ulla?«

»Geht schon«, schnauft meine Mutter.

»Sehr gut, dann kommt mal mit.« Maike führt uns durch das Treppenhaus hinauf in den zweiten Stock, wo sich ein Schweinestall befinden muss, so wie es hier stinkt. Ist aber bloß der Freihantelbereich, wie Maike uns erklärt. Grunzlaute höre ich trotzdem. Ein paar Ausfallschritte von uns entfernt wuchtet eine Frau mit den Bodybuilder-Maßen 90-90-90 unter lautem Stöhnen eine Dreißig-Kilo-Hantel in die Höhe. Mit nur einem Arm. Die braucht auf jeden Fall keinen Mann, der ihr das Gurkenglas aufschraubt.

Außer sie will sich ihre fünf Zentimeter langen Fingernägel nicht abbrechen, auf denen sie ein ganzes Glas Strasssteine aufgeklebt hat und die einen merkwürdigen Kontrast zu den maskulinen Pranken darunter bilden. Aber vielleicht ist das ja auch gerade der Sinn dahinter.

Am Ende des Raumes hängt eine Spiegelwand. Davor steht ein Ständer, auf dem Hanteln in verschiedenen Größen und Gewichten von 1 Kilo bis 45 Kilo liegen. »Ich würde vorschlagen, wir fangen mit Kurzhantel-Bankdrücken an, okay?«

Meine Mutter schmeißt mir einen besorgten Blick zu. »Geht das denn mit deiner Hand?«

»Wieso, was ist mit deiner Hand?«, will Maike wissen.

»Geschlagen hat er sich mit jemandem, mein lieber Herr Sohn.«

Resigniert lasse ich den Kopf hängen. »Nein, hat er nicht. Er ist vom Fahrrad gefallen. Aber die liebe Frau Mama will das nicht wahrhaben.«

»Verstehe«, sagt Maike und mustert meine aufgeschürfte Hand. »Geht's denn mit dem Training?«

»Ja, ja, kein Problem.«

»Okay, also, am besten wechselt ihr euch ab. Einer von euch liegt auf der Bank und drückt die Hanteln im Neunzig-Grad-Winkel von der Brust weg. Der andere gibt Hilfestellung.« Dabei stellt sich Maike breitbeinig hinter die Bank und demonstriert, wie wir im Notfall Hilfe leisten, falls die Gewichte zu schwer werden. »Wer ist der Erste?«

Meine Mutter tippt mir auf die Schulter. »Fang du an. Ich muss noch ein bisschen verschnaufen vom Laufen.«

Maike nimmt zwei Hanteln mit jeweils vier Kilo vom Ständer und legt sie vor mich auf den Boden. »Also schön, Emil. Dann machst du mir bitte drei saubere Sätze mit jeweils 25 Wiederholungen.«

Ich blicke sie ungläubig an. Da ist unsere Bratpfanne zu Hause ja schwerer. »Also ein bisschen mehr schaffe ich schon.«

»Glaub mir, für den Anfang ist das ausreichend.«

»Das ist doch peinlich. Ich will meine Brust quälen, aber doch nicht, indem ich sie zu Tode langweile.«

»Was soll daran denn peinlich sein? Niemand muss sich für seine Trainingsleistung schämen. Ich benutze auch nicht mehr Gewicht.«

»Na ja, du bist ja auch eine Frau.«

Maike verdreht die Augen. »Okay, Vorschlag. Wir gucken, wer von uns beiden mehr Liegestütze schafft. Und wenn ich gewinne, ziehst du meinen Trainingsplan durch. Abgemacht?«

»Und wenn ich gewinne?«

»Dann gibt's das Premium-Upgrade mit kostenlosen Iso-Drinks zu deiner Mitgliedschaft von mir gratis obendrauf.«

»Deal«, sage ich und schlage ein.

Zwei Minuten später puste ich ein Paar Vier-Kilo-Hanteln von meiner Brust weg. Schlimm genug, dass ich mit den Gewichten eines Schlumpfes trainieren muss, aber dabei auch noch von der eigenen Mutter in einer Tonstärke angefeuert zu werden, die jeder im Raum hören kann, macht die Blamage perfekt.

»Super machst du das.«

»Toll, wie stark du bist.«

»War doch gut, dass ich dich so lange gestillt habe.«

»Spitze, Schatz.«

2018 wurde in Kalifornien ein Fall bekannt von zehn Kindern, die von ihrer Mutter vernachlässigt wurden. Die Polizei hat sie total verwahrlost in einer zugemüllten Drei-Zimmer-Wohnung gefunden. Irgendwie bin ich gerade wahnsinnig neidisch auf diese Kinder.

Vielleicht sollte ich die Hanteln einfach auf mein Gesicht fallen lassen, damit die Tragödie ein Ende hat. Aber von den Federgewichten krieg ich wahrscheinlich bloß ein blaues Auuuuu… okay, jetzt fängt es doch an zu brennen in der Brust. Sofort ist meine Mutter zur Stelle und stützt mit den Händen meine Ellbogen. »Ich hab dich.«

»Geht schon«, ächze ich.

»Du tust dir noch weh.«

Zum Glück weiß niemand, dass das meine Mutter ist. Ich könnte ja auch auf reifere Damen stehen oder ehrenamtlich mit Senioren Bodybuilding betreiben.

»Hör doch mal auf deine alte Mutter.«

Gut, jetzt wissen es natürlich alle. Ich kann spüren, wie mir die Schamesröte ins Gesicht steigt. »Bitte … lass … lo…s!«

»Du darfst dich nicht überanstrengen, sonst kriegst du noch eine Herzmuskelentzündung. Dein Gesicht ist schon ganz rot.«

Ich gebe auf. Die Hanteln lasse ich kraftlos auf den Boden plumpsen. Meine Mutter reicht mir mein Handtuch, mit dem ich mir den Schweiß von der Stirn wische. Anschließend werfe ich es mir um die Schulter und nehme einen Schluck aus meiner Trinkflasche. Kaum habe ich das Wasser hinuntergeschluckt, sickert es auch schon wieder nach oben, zusammen mit etwas Gallenflüssigkeit. Ein saurer Geschmack legt sich auf meine Zunge. Mir wird schlecht. Wie ein reifer Pickel, den jemand ausdrückt, verengt sich mein Magen und versucht seinen Inhalt auszuspucken. Ein Würgereiz schleudert ein merkwürdiges »Burgh« aus meinem Mund. Ich halte mir das Handtuch vor den Mund.

»Was hast du?«, fragt meine Mutter besorgt.

»Ich muss mal schnell aufs Klo«, sage ich hastig und eile zu den Toilettenräumen am anderen Ende des Raumes. Ich schaffe es gerade noch, meinen Kopf über die Kloschüssel zu halten, als eine gelbliche Fontäne aus meinem Mund spritzt.

Als ich zur Trainingsstation zurückkehre, wo meine Mutter gerade die Hanteln auf dem Ständer sortiert, kommt auch unsere Fitnesstrainerin wieder, um nach dem Rechten zu sehen. »Na, wie schaut's bei euch aus?«

»Ich glaub, für Emil war's ein bisschen viel. Geht's dir besser, Schatz?«

Meine Mutter hätte einen ganz vorzüglichen Stasi-Spitzel abgegeben. Ich werfe ihr einen bösen Blick zu.

»Das lag nicht am Training«, wiegle ich ab. »Ich glaub, ich hab das Frühstück nicht vertragen.«

»Kein Wunder, das war ja auch viel zu viel.«

»Quatsch, ich hatte doch bloß einen Proteinshake.«

»Ich bitte dich. Der hätte sämtliche Teilnehmer des *Dschungelcamps* satt gemacht.«

Maike runzelt die Stirn.

»Was war denn da drin?«

Die Frage war ja eigentlich an mich gerichtet, trotzdem übernimmt meine Mutter die Antwort.

»Alles. Den halben Kühlschrank hat er da reingeschmissen. Milch, Banane, Magerquark, Haferflocken, Eier, ...«

»Nur das Eiklar«, korrigiere ich.

Maike schüttelt den Kopf. »Das ist in der Tat viel zu viel.«

»Ich hab das Rezept aus dem Internet von einem Bodybuilding-Weltmeister. Der isst das jeden Morgen«, versuche ich mich zu rechtfertigen.

»Der bringt aber auch viel mehr Masse auf die Waage«, erklärt Maike. »Der verbrennt selbst beim Zähneputzen mehr Kalorien als du während des ganzen Tages. Außerdem trainiert der ja auch ganz anders.«

»Ach so«, sage ich kleinlaut und komme mir plötzlich sehr naiv vor. Wie damals in der zweiten Klasse, als ich ein Maoam im Schulhof vergrub, weil ich dachte, daraus würde ein Maoam-Baum wachsen, und Frau Moosbacher mir dann vor der gackernden Klasse erklärte, dass das so leider nicht funktioniert.

»In deinem Fall reicht es für den Anfang, wenn du erst mal den Zucker weglässt und am Abend auf Kohlehydrate verzichtest.«

In meinem Fall? Pff, was bin ich denn bitte schön für ein Fall? Ich sage aber nichts, weil ich ehrlich gesagt erleichtert bin über die Erlaubnis einer Expertin, diese widerliche Plörre nicht mehr zu trinken. Ich weiß wirklich nicht, wie lange ich das durchgehalten hätte.

»Wollt ihr denn noch weitertrainieren?«

»Ich glaub, wir machen lieber Schluss«, antwortet meine Mutter für uns beide, ohne mich auch nur anzugucken. Aber das ist in Ordnung. Ausnahmsweise sind wir mal einer Meinung.

»In Ordnung. Dann kommt einfach zu mir an den Empfang, wenn ihr euch umgezogen habt, dann geb ich euch noch das Anmeldeformular.« Maike zeigt mit dem Finger auf mich. »Und du kriegst von mir noch einen Trainingsplan. Ich hab unsere Wette nicht vergessen.«

Beim Gang durch das Treppenhaus weist ein Informationsschild an der Wand darauf hin, dass sich der Wellnessbereich im Kellergewölbe befindet. Meine Mutter bleibt davor stehen. »Wir könnten doch noch in die Sauna gehen?«

»Lieber nicht«, antworte ich und ziehe die Tür zum Erdgeschoss auf, wo sich die Umkleiden befinden. Ein Brechreiz am Tag reicht mir.

Kapitel 11

Auf dem Heimweg knurrt mein Magen. Nun, da ich seinen ganzen Inhalt ausgekotzt habe, schreit er wohl nach Nachschub.

»Was gibt es eigentlich zum Mittagessen?«, frage ich, während wir zu Fuß in unsere Straße einbiegen.

»Nudeln mit Pesto«, sagt meine Mutter.

»Schon wieder?«

»Wann hatten wir denn bitte schön das letzte Mal Pesto-Nudeln?«

»Mich stört ja nicht das Pesto, sondern die Nudeln. Können wir nicht mal was anderes essen?«

»Aber wir haben von gestern noch so viele übrig. Die schmeiß ich doch nicht weg.«

Ich seufze. Nach fünfzig Metern kommen wir an dem Imbiss mit dem originellen Namen »Döner Döner Döner« über der Eingangstür vorbei, der sich schräg gegenüber unserem Wohnhaus befindet. »Geh du doch schon mal hoch«, sage ich zu meiner Mutter. »Ich hol mir bei Kamil rasch einen Döner.«

Meine Mutter macht ein missbilligendes Schmatzgeräusch. »Das ist doch kein vernünftiges Essen.«

»Mehr Kohlenhydrate als deine Nudeln hat der auch nicht.«

»Na, musst du selber wissen.«

»Weiß ich, Mama. Bis gleich.«

Kamil sitzt auf einem Barhocker hinter dem Glastresen mit den Essenszutaten in der Auslage und guckt sich auf dem Handy ein Video an. Als ich den kleinen Laden betrete, begrüßt er mich freundlich.

»Habibi, lange nicht gesehen.« Er springt von seinem Stuhl auf und beugt seinen massigen Körper über den Glastresen, um mir zur Begrüßung zwei Wangenküsse zu geben, wie es unter Türken üblich ist. Kamil hat mir mit seinen Dönern schon oft das Leben gerettet, wenn ich kurz davor war, an einer Nudel-Überdosis zu krepieren. So was verbindet. Seine borstigen Barthaare piksen mir in die Backen. Kein Wunder, dass Ariane es gehasst hat, wenn ich mich nicht rasiert habe. Das fühlt sich an, als würde man von einem Igel den Todeskuss bekommen.

»Krieg ich einen Döner?«

»Klar, mein Freund.«

»Aber bitte ohne Zwiebeln.«

»Ich mach dir meinen neuen Spezial-Döner.«

»Klingt gut«, sage ich und lasse mich auf dem Barhocker vor dem Tresen nieder. »Was ist da drin?«

»Wart's ab.«, sagt Kamil und holt einen Schwung frisch gebackener Brote aus dem Ofen. »Hab ich extra für *Champ am Herd* kreiert.«

»Diese Kochsendung? Machst du da etwa mit?«

»Mitmachen? Habibi, mit meinem Spezial-Döner gewinn ich das Ding. Kennst du die Show?«

»Meine Mutter guckt das immer. Die findet diesen Starkoch so toll, der die Sendung moderiert.«

»Den Ingo Bärschlauch?«

»Kann sein«, sage ich achselzuckend, während Kamil die Innenseite des Brotes mit einer grünen Soße bestreicht.

»Ich kann euch ins Fernsehstudio mitnehmen. Dann könnt ihr zugucken und ihn live sehen.«

»Wann ist das denn?«

»Die Aufzeichnung ist am 27. um 12 Uhr.«

»Da hat meine Mutter ihren 66. Geburtstag. An dem Tag gehen wir immer zusammen im Bayerischen Hof brunchen. Ist so 'ne Tradition bei uns.«

»Kein Problem«, sagt Kamil und greift sich seinen Säbel, mit dem er das Fleisch vom Spieß schneidet.

»Und bei dir alles gold?«

»Na ja, geht so«, seufze ich.

Kamil wirft einen Blick zu mir über die Schulter. »Was los, Bruder?«

»Meine Freundin hat Schluss gemacht.«

»Was? Ne, Mann. Du verarschst mich, oder?«

»Nope.«

»Wie hieß die noch mal?«

»Ariane.«

»So 'ne Schwarzhaarige, ge?«

»Eher blond.«

»Aber bisschen fester, so vom Typ.«

»Eigentlich nicht. Sie ist ziemlich schlank.«

»Logo, ich erinnere mich.«

Mein türkischer Döner-Dealer stopft das Fleisch zwischen die dampfenden Brothälften. »Und warum hat sie Schluss gemacht?«

»Ich weiß nicht«, sage ich geknickt. »Sie sagt, ich sei kein Mann.«

Kamil blickt von seiner Kochstation auf. »Red kein Scheiß, Digga. Klar bist du ein Mann!«

»Aber nicht so einer, den sie will.«

»Und was für einen will sie?«, fragt Kamil und reibt mit einer Raspel etwas Parmesan.

»Na ja, so ein Alphamännchen halt«, sage ich, ohne dabei den Döner aus den Augen zu lassen.

»Dann musst du halt auch eins sein.« Kamil nimmt eine Handvoll Salatgrün aus einer silbernen Schüssel in der Auslage und belegt damit eine Brothälfte.

»Klar, nichts leichter als das.«

»Digga, du musst nur bisschen was an deinem Auftreten ändern.«

Kamil klappt die beiden Brothälften zusammen. Er wickelt den Döner in Alufolie und legt ihn auf den Tresen. Dann schmiert er sich die Hände an seiner Schürze ab und kommt hinter der Theke hervor. »Guck mal, wie du da stehst«, sagt er und zieht meine Schultern nach hinten. »Stell dich mal gerade hin, Alter.« Dann läuft Kamil einmal um mich herum wie ein Autokäufer um einen gebrauchten Skoda und kontrolliert meine Haltung. »Ja, so ist besser.«

»Ist aber ganz schön unbequem«, keuche ich, während ich da so vor ihm stehe, steif wie eine Straßenlaterne.

»Und du brauchst auf jeden Fall bisschen mehr Farbe, Kollege. Nicht immer nur *Tatort* gucken. Auch mal an die Sonne gehen, hörst du?« Er kramt eine Marlboro-Packung aus seiner Hosentasche und stopft mir eine Zigarette ruppig zwischen die Lippen.

»Aua.«

»Das ist eine Kippe und kein Nagel. Sei nicht Memme«, sagt Kamil, während ich den Stängel wieder aus meinem Mund nehme und mir dabei die Lippen aufreiße, auf denen die Zigarette klebt wie eine nasse Spaghetti auf den Küchenfließen. Rauchen schadet wirklich. Sogar wenn die Zigarette noch gar nicht qualmt. »Ich rauche nicht.«

»Solltest du aber«, sagt Kamil und zündet mir das Krebsstäbchen an. Da kann die Polizei noch so viele Präventions-Puppentheaterstücke an Schulen aufführen – wenn dir ein zwei Meter großer Dönerverkäufer befiehlt zu rauchen, dann rauchst du.

»Kerle rauchen. Oder hast du schon mal gesehen, wie Cüneyt Arkin einen grünen Smoothie trinkt?«

Hab ich wirklich nicht. Weil ich gar nicht weiß, wer das überhaupt sein soll. Das sage ich aber lieber nicht und nehme stattdessen einen Zug von meiner Zigarette, um den Rauch sofort wieder stakkatoartig auszuhusten. Meine Lunge sitzt jetzt ein Stück weiter oben.

»Gleich noch mal«, befiehlt Kamil ungerührt und klingt dabei wie ein Drill-Instructor, der seinen Klienten Lungenkrebs versprochen hat und nicht daran denkt aufzugeben, ehe dieses Ziel erreicht ist.

»Kennen Sie das auch? Kein Lungenrasseln beim Treppensteigen? Keine Atemnot am frühen Morgen? Stopp! Das muss nicht sein. Mit uns kriegen Sie einen Tumor in nur sechs Wochen. Sonst Geld zurück. Garantiert.«

Der erste Zug schmeckt immer schlecht, sagen viele. Der zweite aber auch. Ich ziehe noch mal. Und noch mal. Und dann muss ich mich hinsetzen, weil mir vom Nikotin ganz schwindelig wird. Gegenüber hinter dem Ladentisch hängt eine Uhr an der Wand. Kurz vor halb vier. Gleich spielt Bayern gegen Dortmund. »Mist, ich muss los.«

Ich drücke Kamil die angezuzelte Kippe in die Hand, lege fünf Euro auf den Tresen und greife mir das in Alufolie eingewickelte Essenspaket.

»Ohne Zwiebeln?«, frage ich.

»Hast du nicht gesagt«, behauptet Kamil und guckt dabei unschuldig wie die Pfarrerstochter von Dingolshausen.

»Ach so. Hmm, na ja, ich kann sie ja runterkratzen.«

So viel zum Thema Alphamännchen.

Mit dem Spezial-Döner in der linken Hand und meiner Sporttasche in der rechten Hand haste ich nach Hause.

Kapitel 12

Als ich die Wohnungstür aufschließe, hat das Spiel schon angefangen.

Ich stürme in die Küche, schnappe mir einen Teller aus dem Schrank und eile damit ins Wohnzimmer. Dort sitzt meine Mutter auf dem Sofa vor dem Fernseher. Ein veraltetes Gerät in der läppischen Größe eines Verkehrsschildes. Ich schiebe den Sessel direkt vor den Bildschirm, um überhaupt etwas erkennen zu können. Direkt vor meiner Nase flimmert das Programm von *Tagesschau24*. Offenbar hat es an einer amerikanischen Schule wieder einen Amoklauf gegeben.

»Kannst du bitte schnell auf SKY schalten? Dortmund spielt gegen Bayern«, sage ich und lege den Teller mit dem eingepackten Döner auf meinen Schoß.

»Aber gleich fängt *Bares für Rares* an«, protestiert meine Mutter.

»Die Sendung kannst du dir doch später in der Mediathek angucken.«

»Das finde ich dann doch wieder nicht«, protestiert meine Mutter.

»Ich mach das dann für dich. Aber jetzt schalte bitte auf das Spiel.«

»Wehe, das klappt nachher nicht.

»Wird es, versprochen.«

Ich wickle meinen Döner aus der Alufolie, während meine Mutter das Tastenfeld der Fernbedienung studiert, als handle es sich dabei um die Ikea-Aufbau-Anleitung des PAX-Schrankes.

»Drück einfach auf die 9«, flehe ich und wippe ungeduldig mit den Füßen. »Die spielen schon.«

Daraufhin schaltet meine Mutter auf einen türkischen Musiksender.

»Du hast statt der ›9‹ die ›999‹ eingetippt«, stöhne ich. Das weiß ich, weil meine Mutter immer auf den türkischen Sender schaltet, wenn sie auf Sky zappen will. Vermutlich sind wir *TRT Muziks* treueste Zuschauer.

»Drück einfach auf ›Menü‹ und wähl in der Sender-Liste SKY aus.«

Nun erscheint eine Tierdokumentation über den neuseeländischen Haubentaucher.

»Jetzt hast du ›909‹ eingetippt. Kannst du bitte auf SKY schalten?«

»Ich versuch's ja …«

»Dann drück doch bitte, bitte, bitte auf ›Menü‹.«

»Was ist das denn jetzt?«

»Das ist der Sendersuchlauf. Geh wieder zurück und drück einfach in der Mitte der Fernbedienung den Knopf, auf dem ›Menü‹ steht.«

Mit meiner Mutter vor dem Fernseher zu sitzen ist ein bisschen, als würde man im Cockpit eines abstürzenden Flugzeugs hocken.

»Du musst die Maschine hochreißen, Bill.«

»Ich versuch es ja, Mike. Ich versuch es.«

»Scheiße Bill, zieh hoooooooch!«

Mittlerweile haben sich Schweißperlen auf ihrer Stirn gebildet. Überall ist von Silversurfern die Rede, aber über Silvergucker hört man ni…

»Neeeeein, du sollst nicht das Bildformat ändern, sondern auf »Menühüüü« gehen!« Es würde mich nicht wundern, wenn als Nächstes auch noch der Mixer in der Küche anspringt, bei dem, was meine Mutter alles durch ihr hektisches Drücken auf der Fernbedienung aktiviert.

»Ach, Mensch!«, flucht sie schließlich und wirft mir gefrustet die Fernbedienung auf den Schoß. »Dann mach du's doch.«

Ich wechsle mit zwei Knopfdrucken den Fernsehsender, und im nächsten Augenblick erscheint das Spiel auf dem Bildschirm. Es läuft die vierte Minute und steht immer noch null zu null. Wir haben also nichts verpasst. Ein Glück. Ein paar Minuten sitzen wir schweigend einfach nur da und gucken das Spiel. Plötzlich fragt meine Mutter: »Sag mal, rauchst du?«

»Hä? Wie kommst du jetzt da drauf?«, frage ich, ohne den Blick vom Fernseher zu nehmen.

»Du stinkst nach Rauch.«

Vor mir auf dem Bildschirm wird der Dortmunder Manuel Akanji an der Grenze zum eigenen Strafraum gleich von zwei Bayern-Spielern attackiert und bolzt den Ball sicherheitshalber ins Aus.

»Ich hab vorhin mal an Kamils Zigarette gezogen.«

»Und warum?«

Die Wahrheit würde bloß zu einer noch längeren Diskussion führen. Deshalb zucke ich lediglich mit den Schultern und sage: »Keine Ahnung. Einfach so.«

»Du riskierst einfach so Lungenkrebs?«

»Mama, ich habe wirklich nur einmal gezogen.«

»Ja, heute. Und morgen ist es vielleicht eine ganze Zigarette, und nächste Woche kaufst du dir eine eigene Packung. So geht es doch immer los.«

»Du übertreibst. Darf ich jetzt bitte in Ruhe das Spiel angucken?«

Aber meine Mutter denkt überhaupt nicht daran, das Thema ruhen zu lassen. »Ich erkenn dich gar nicht mehr wieder, Emil.«

»Was soll das denn jetzt heißen?«

»Erst der Alkohol, dann die Schlägerei, und nun rauchst du auch noch.«

»Mama, ganz ehrlich: Denk doch, was du willst. Mir glaubst du ja eh nicht, also sage ich jetzt gar nichts mehr.«

Zumindest für einen Moment herrscht daraufhin tatsächlich Ruhe. Jadon Sancho erobert den Ball an der Mittellinie und stürmt damit auf das gegnerische Tor zu. Aber dann sagt meine Mutter: »Übrigens folgt mir mein alter Schulfreund Konrad jetzt auf Instagram.«

»Aha!?«

»Er arbeitet als Psychotherapeut.«

Jadon Sancho will den Ball querlegen zu Mario Götze, aber der Pass misslingt ihm völlig. Thiago fängt den Ball ab und leitet sofort einen Konter ein.

»Aha.«

»Er wohnt immer noch in München.«

Der Ball landet bei Gnabry. Der zieht auf der rechten Seite das Tempo an und dribbelt an der Strafraumkante an zwei Gegenspielern vorbei. Das sieht nicht gut aus.

»Ahaaa …«

»Ich möchte, dass du dich mal mit ihm unterhältst.«

»Ich?«, platzt es aus mir heraus. Nun drehe ich mich doch zu ihr. »Worüber?«

»Na, über dich und dein Leben. Du hast immerhin deine Freundin und deine Wohnung verloren.«

»Ja, aber es geht mir trotzdem gut.«

»Unsinn. Ich seh doch, dass es das nicht tut. Du trinkst, du prügelst dich, und jetzt rauchst du auch noch.« Sie hält kurz inne. »Ich mache mir Sorgen um dich.«

»Da gibt es nichts, worüber du dir Sorgen machen müsstest. Wirklich nicht.« Ich klinge schon beinahe flehend.

»Trotzdem. Wer weiß, wie viel du mir wirklich anvertraust. Die armen Eltern dieses Amokläufers hatten vermutlich auch keine Ahnung, wie es in ihrem Sohn aussah.«

»Spinnst du jetzt total?«

»Vielleicht. Aber ich bin lieber eine fürsorgliche Spinnerin, als dass ich eines Tages an deinem Grab stehe und mir Vorwürfe mache. Also: Entweder du vereinbarst morgen einen Termin bei Konrad – oder du ziehst übermorgen hier aus.«

»Das ist Erpressung!«, schimpfe ich. »Wo soll ich denn bitte so schnell hin?«

»Das ist nicht mein Problem«, sagt meine Mutter.

»Also schön«, zische ich.

»Tooor!«, schreit der TV-Kommentator. »Eins zu null für die Bayern.«

»Na super«, stöhne ich und beiße in meinen Döner. Der scharfe Geschmack von Ingwer breitet sich auf meiner Zunge aus. Angewidert spucke ich den Döner-Batz zurück in die Alufolie. »Ist noch was von den Pesto-Nudeln übrig?«

Kapitel 13

Argh! Als ich am nächsten Morgen die Tür zur Bäckerei aufziehe, schießt mir ein brennender Schmerz in die Brust. Meine kleinen Männchen haben wohl über Nacht meine Muskeln mit Brennnesseln eingerieben, als handle es sich dabei um Wick Vaporub. Ich kann kaum meinen Arm heben. In solchen Momenten frage ich mich, wie schmerzhaft wohl eine Schusswunde ist. Womöglich liegt in diesem Moment aber auch das Opfer eines Raubüberfalls mit einem Bauchschuss in einer Seitengasse und denkt sich: »Hätte schlimmer kommen können. Wenigstens habe ich keinen Muskelkater von der Aqua-Gymnastik gestern.«

Es ist morgens, halb zehn in Deutschland. Für die oberen Zehntausend der Alterspyramide offenbar die Zeit, um ihren Insulinspiegel in die Höhe zu treiben. Vor der Kasse des Bäckers steht eine lange Schlange von Senioren. Ich stelle mich hinter eine alte Dame und ihren Rollator und blicke besorgt auf das Foto, das ich mit meinem iPhone von Maikes Trainingsplan gemacht habe. Dieser sieht vor, dass ich zweimal in der Woche in das Gym gehe. An den übrigen Tagen soll ich zu Hause fünfzehn Liegestütze machen, fünfzig Sit-ups und sechzig Sekunden die Planke-Position halten. Au Backe. Ich habe vorhin beim Aufstehen fünf Minuten gebraucht, bloß um mein T-Shirt anzuziehen. Hätte ich nicht in einer halben Stunde einen Termin bei Mamas Psychologenfreund, würde ich jetzt nackt in Voltaren baden. An körperliche Ertüchtigung ist heute nicht zu denken. Außerdem soll man mit Muskelkater ja eh keinen Sport machen. Sonst zerstöre ich das Muskelgewebe noch irreparabel. Um Muskeln aufzubauen, ist es aus medizinischer Sicht daher sogar notwendig, dass ich heute keinen Sport mache. Ich werde morgen einfach das doppelte Trainingspensum absolvieren, um den verlorenen Tag wieder aufzuholen. Also 30 Liegestütze, 100 Sit-ups und 120 Sekunden Planke.

Ich drücke das Foto weg und schreibe Lili eine Nachricht auf WhatsApp.

»Kannst du mir nachher helfen, mein Zeug aus der alten Wohnung zu holen?«

Ich hab mein Handy gerade zurück in meine Tasche gesteckt, da klingelt auch schon ihre Antwort: »Joa, kann ich schon machen. Soll ich dich in dreißig Minuten abholen?«

»Da bin ich noch unterwegs. Lieber heute Nachmittag. Fünfzehn Uhr?«, tippe ich in das Chat-Fenster. Ich warte noch Lilis Bestätigung ab und stecke mein Handy nun aber endgültig zurück in die Hose.

Die Dame vor mir schiebt ihren Rollator zur Kasse und zeigt auf die Kuchenauslage vor sich. »Ich bekomme bitte zwei Donauwellen, ein Stück Lübecker Nuss und einmal den Frankfurter Kranz.« Ich gucke in die Auslage, kann aber keine Namensschilder entdecken. Woher kennen Rentner so viele Torten? Ich kann gerade mal fünf Sorten unterscheiden: Marmorkuchen, Erdbeerkuchen, Apfelstrudel, Käsekuchen und Käsekuchen mit Rosinen. Wenn ich etwas anderes möchte, muss ich mit dem Finger drauf zeigen, wie ein Kind an der Eisdiele im Italien-Urlaub. »Einmal das da, bitte.«

Ich muss daran denken, wie ich mal versucht habe, meiner Mutter Spotify und seinen Algorithmus zu erklären. Womöglich saß irgendwo anders in Deutschland zum gleichen Zeitpunkt eine Rentnerin beim Kaffeekränzchen mit ihrem Enkel und raufte sich die grauen Haare mit dem Lilastich bei dem Versuch, ihm den Unterschied zwischen einem Butterkuchen und einem Streuselkuchen zu erklären.

Die Praxis von Dr. Rumms liegt in der Altstadt von München am Viktualienmarkt und befindet sich im dritten Stock eines Altbaus. Ich drücke auf die Klingel an der weiß lackierten Doppelflügeltür, und sofort ertönt ein Surren, das mir signalisiert, dass die Tür jetzt offen ist. Immer wenn ich eine Arztpraxis betrete, frage ich mich, ob die Sprechstundenhilfe wohl den ganzen Tag an ihrem Tisch sitzt mit dem Finger über dem Türöffner wie der Teilnehmer einer Quiz-Show über dem Buzzer. Andernfalls verstehe ich nicht, wieso Türen von Arztpraxen jedes Mal so schnell aufspringen oder warum man sie nicht gleich offen lässt.

Eine Sprechstundenhilfe hat Dr. Rumms jedenfalls nicht. Zumindest keine weibliche in einem weißen Kittel. Stattdessen steht ein hochgewachsener Mann vor mir in einem grauen Baumwollcardigan. Sein Gesicht schmückt ein dichter Vollbart, dafür wächst auf seinem Kopf bloß noch ein dürrer Kranz. In seinem rechten Ohrläppchen steckt ein Ohrstecker, und um sein Handgelenk baumelt ein roter Faden. Eigentlich sieht er eher aus wie der dritte Bruder der Huberbuam, nicht wie ein Gehirndoktor.

»Guten Tag, Emil Hase. Ich komme wegen der Therapiestunde«, sage ich und strecke meine Hand aus. Toll, ich klinge schon wie meine Mutter.

»Ah, sehr schön. Freut mich«, sagt der Mann und schüttelt meine Hand. Dabei drückt er mit seiner Pranke so fest zu, dass ich fühlen kann, wie meine Knochen splittern. »Was hältst du davon, wenn wir uns duzen?«

»Gerne«, sage ich und reibe mir die schmerzenden Finger.

»Also, ich bin der Konrad.«

»Emil.«

»Dann komm mal rein, Emil.«

Dr. Rumms macht einen Schritt zur Seite, und ich trete in einen geräumigen Eingangsbereich mit Fischgrätenparkett und hohen Decken über den weiß gestrichenen Wänden. An einem Kleiderständer im Eck hängen ein paar Jacken und ein Mantel. Gegenüber dem Eingang ist die Tür zu einem Zimmer einen Spalt offen und gibt den Blick frei auf das Fußende eines Bettgestells. Offenbar behandelt Dr. Rumms seine Patienten in seiner Privatwohnung.

»Ich würd' sagen, als Erstes machen wir uns mal einen vernünftigen Kaffee, was hältst du davon?«

»Ich hab mir auf dem Hinweg schon einen beim Bäcker geholt«, entgegne ich und halte meinen Kaffeebecher hoch. Sofort schießt mir wieder der Schmerz in die Brust. Argh. Wieso musste ich auch den schweren XL-Becher nehmen. Da waren die Augen wohl größer als der Muskel.

»Das ist doch kein Kaffee, sondern Regenwasser. Da kannst du genauso gut aus der Dachrinne trinken«, sagt Dr. Rumms. Ich blicke auf den Pappbecher in meiner Hand. Eigentlich schmeckt er ja ganz gut, aber ich traue mich nicht zu widersprechen. Wohlmöglich ist das einer von diesen heimlichen Tests, wo man gar nicht merkt, dass die Psychoanalyse schon begonnen hat.

»Du wirst sehen, das ist ein Unterschied wie Wachteleier zu M&Ms.« Mit diesen Worten führt er mich in seine

Küche. Hinten an der Wand steht auf der Arbeitsplatte eine silberne Metallkiste in der Größe einer Autobatterie, auf der Dr. Rumms liebevoll seine Hand ablegt. »Darf ich vorstellen? Mein kleiner Liebling. Eine Bezerra BZ13.«

In dem polierten Chrom der eckigen Kaffeemaschine kann ich mein Spiegelbild sehen. Es sieht nicht besonders interessiert aus.

»Dein Bäcker hat wahrscheinlich keine Siebträgermaschine, stimmt's?«

»Ne, die benutzen einen Automaten.«

Dr. Rumms schüttelt verächtlich den Kopf und entfernt den Deckel von der Maschine. »Kannst du mir davon bitte eine reichen?« Er deutet auf einen Sechserpack Wasserflaschen auf dem Boden. Ich reiche ihm eine Volvic-Flasche, und er schüttet sie in die Maschine. »Ja, das magst du, gell?«, flüstert er dabei liebevoll.

»Warum nehmen Sie kein Leitungswasser?«

Ich weiß nicht, warum ich diese Frage gestellt habe, denn eigentlich ist es mir total egal.

»Ich weiß nicht, wen du mit ›Sie‹ meinst.«

Hä? Ach so. »Warum nimmst du kein Leitungswasser?«

»Da ist zu viel Kalk drin«, sagt Dr. Rumms, ich meine Konrad, und wirft die leere Plastikflasche in einen Korb mit Pfandflaschen. Er entwendet den Siebträger aus der Kaffeemaschine und hält ihn unter eine Mühle, die danebensteht. Artig spuckt sie den frisch gemahlenen Kaffee aus. Als der Siebträger schließlich voll ist, hält Dr. Rumms, ich meine Konrad, ihn mir unter die Nase. »Riechst du das?«

Ich schnuppere an dem Pulver. Riecht wie Kaffee.

Dr. Rumms, ich meine Konrad, spannt den Siebträger wieder in die Maschine und drückt auf einen kleinen Knopf. Sofort dröhnt und rattert es, und ein dunkelbrauner Strahl fließt aus dem Siebträger in die Tasse darunter. Dr. Rumms, ich meine Konrad, steht mit seinem Handy in der Hand daneben und stoppt die Zeit. »Der perfekte Espresso hat eine Durchlaufzeit von exakt 25 Sekunden«, erklärt er. Nach Ablauf der Zeit schaltet er die Maschine wieder aus und schwenkt die Tasse in seiner Hand ein paarmal hin und her. »Guck dir diese Crema an. Wenn der Espresso so ein Tigermuster hat, ist er perfekt.«

»Aha«, sage ich und frage mich insgeheim allmählich, wer hier eigentlich dringender psychologische Hilfe benötigt.

Dr. Rumms, ich meine Konrad, schüttet Milch in ein silbernes Metallkännchen und hält dieses anschließend unter eine Düse, die seitlich von der Espressomaschine wegsteht. Unter lautem Blubbern und Quietschen schäumt er die Milch auf. »Es ist wichtig, dass die Düse nicht zu tief eintaucht, sonst haben wir gleich Badeschaum.« Dabei hält Dr. Rumms, ich meine Konrad, eine Hand an das Kännchen, um die Temperatur zu überprüfen, damit die Milch nicht zu heiß wird. Dann schaltet er die Düse aus und schüttet die Milch mit kleinen kreisenden Handbewegungen auf den Espresso. Als er fertig ist, betrachtet er skeptisch sein Werk. »Sollte eigentlich ein Schaumherz werden. Ist aber wohl eher ein Schaum-Blinddarm«, sagt Dr. Rumms, ich meine Konrad, mit niedergeschlagener Stimme und reicht mir die Tasse. »Meine Kinder haben mir zum Geburtstag einen Gutschein für einen Barista-Kurs geschenkt. Nächstes Mal zaubere ich dir ein perfektes Herz aus Schaum.« Er deutet auf einen Zettel, der neben der Maschine an der Wand hängt.

Latte-Art im Studio Baresto
Egal ob Herz oder Tulpe – in unserem Workshop lernst du

das kunstvolle Verzieren deiner Lieblingskaffeevariation mit zauberhaften Mustern.
Treffpunkt: Freitag, den 10. April, bei uns im Studio.
Kursgebühr: 79 Euro
Kursdauer: 18 bis 21 Uhr

Und wenn du danach die Mona Lisa aus Milchschaum malen kannst, ich komm bestimmt nicht noch mal wieder, denke ich und nippe an meinem Cappuccino, während mich der Psycho-Barista beobachtet. »Und? Wie schmeckt er?«

Ziemlich genauso wie der Kaffee vom Bäcker, den ich gerade eben wegschütten musste. Aber ich will keine schlechte Bewertung bekommen und am Ende in der Klapse landen, bloß weil ich seinen Cappuccino nicht lobe. »Hmhm, köstlich. Was ganz was anderes«, sage ich daher und setze eine Miene auf wie der Melitta-Onkel beim Osterkaffee.

»Sag ich doch.« Zufrieden befüllt Dr. Rumms, ich meine Konrad, den Siebträger erneut mit Kaffeepulver und brüht sich ebenfalls eine Tasse. Anschließend gehen wir mit unserem Deluxe-Kaffee hinüber in das Arbeitszimmer, das mich ehrlich gesagt ein bisschen enttäuscht. Es sieht aus wie ein ganz gewöhnliches Arbeitszimmer, mit einem Regal an der Wand, das vollgestopft ist mit Büchern, und einem gläsernen Schreibtisch am Ende des Zimmers vor der Balkontür. Es gibt noch nicht mal eine Couch, wie man es aus dem Fernsehen kennt. Dafür liegt eine Yogamatte auf dem Parkettboden. Auf die leg ich mich aber bestimmt nicht.

»Entschuldige das Chaos. Ich mache am Morgen immer meine Yoga-Übungen. Das hilft mir, in den Tag zu starten.« Dr. Rumms, ich meine Konrad, rollt die Matte zusammen und stellt sie in die Zimmerecke. Dann deutet er auf einen der beiden freien Sessel, die sich in der Mitte des Raums gegenüberstehen wie beim RTL-Sommerinterview. »Bitte, nimm Platz.« Neben jedem der Stühle steht ein kleines Tischlein aus Glas, auf dem wir unsere Kaffeetassen abstellen. Dr. Rumms, ich meine Konrad, schlägt die Beine übereinander und klappt ein Moleskin-Büchlein auf. »So, dann erzähl mal, warum du hier bist.« Ich blase die Backen auf. »Ganz ehrlich, ich habe keine Ahnung. Das Ganze war die Idee meiner Mutter.«

»Verstehe«, sagt Dr. Rumms, ich meine Konrad, und macht sich eine Notiz. Toll. Wahrscheinlich wird jetzt bis zu meinem Tod in sämtlichen Krankenakten der Vermerk stehen: »Muttersöhnchen«.

»Du hättest aber auch ›Nein‹ sagen können …«

»Nicht wirklich. Ich wohne seit der Trennung von meiner Freundin vorübergehend wieder bei ihr. Wenn ich nicht hierherkomme, schmeißt sie mich raus.«

»Verstehe.« Er macht wieder eine Notiz.

»Und seit wann wohnst du bei deiner Mutter?«

»Seit etwa zehn Tagen.«

»Verstehe. Und wie kommst du mit deinem Vater aus?«

»Eigentlich ganz gut. Er wohnt in Österreich bei seiner zweiten Frau, deshalb sehen wir uns nicht so oft.«

»Interessant. Hat deine Mutter zurzeit einen Partner?«

»Nein.«

»Und ihren alten Porsche, hat sie den noch?«

»Einen Porsche? Ne. Sie fährt einen VW Polo.«

»Schade. Das war vielleicht ein scharfer Flitzer. Das ganze Handschuhfach war voll mit Strafzetteln. Einmal musste sie ihren Führerschein für sechs Monate abgeben. Und was macht deine Mutter? Ist trotzdem einfach weitergefahren.« Dr. Rumms, ich meine Konrad, stößt ein kratziges Lachen aus seinem Hals.

Bitte? Meine Mutter eine Raserin? »Ich glaube, das ist eine Verwechslung. Meiner Mutter wird sogar auf der Rolltreppe schlecht.«

»Oh, du hättest deine Frau Mama früher mal erleben müssen. Die wilde Ulla haben wir sie genannt.«

Dr. Rumms, ich meine Konrad, macht eine Pause. Er nimmt einen Schluck von seinem Kaffee und blickt einen Moment aus dem Fenster. Ein Lächeln legt sich auf seine Lippen. »Hat sie dir je von unserer Liebesnacht in Kapstadt erzählt?«

Ich schüttle den Kopf. Gott sei Dank nicht.

»Wir waren gerade frisch zusammen und sind mit dem Rucksack durch Südafrika gereist. An unserem ersten Abend sind wir von einer Bar zurück zum Hotel gelaufen, und deine Mutter wollte plötzlich unbedingt Sex am Strand haben. Prüde war sie ja noch nie«, sagt Dr. Rumms, ich meine Konrad, und zwinkert mir zu. Okay, jetzt brauche ich wirklich einen Seelenklempner.

»Jedenfalls lagen wir am Strand, als ein paar Meter entfernt in der Dunkelheit eine Frau um Hilfe rief, weil sie gerade überfallen wurde. Und was macht deine Mutter?«

»Der Frau ein Badewasser einlassen?«, rate ich einfach mal drauflos.

»Sie ist dem Dieb hinterhergerannt.«

»Ne, oder?«

»Bis zur Straße hat sie ihn verfolgt. Dann ist er auf ein Motorrad gesprungen und entkommen.«

»Unfassbar«, staune ich.

Wer hätte gedacht, dass meine nudelsüchtige Mutter mit dem Bienenstock auf dem Balkon von uns beiden die Draufgängerin ist. Meine spannendste Anekdote hingegen handelt davon, wie mein Zahnarzt mal androhte, mir einen Weisheitszahn zu ziehen – und es nach dem Studium der Röntgenbilder dann doch nicht gemacht hat. Wer ist diese Frau, bei der ich da wohne?

Kapitel 14

Mein Herz hüpft vor Aufregung wie ein Känguru auf heißen Kohlen. Gleich werde ich Ariane wiedersehen. Ich hole noch einmal tief Luft und drücke auf die Klingel. Auf dem kleinen Messingschild darunter steht immer noch »Buchner / Hase«. Die Reihenfolge hatten wir an unserem ersten Abend als Mitbewohner bei zwei Flaschen Weißwein in einem epischen Schnick-Schnack-Schnuck-Match ausgespielt. Wir haben auf unseren Reisen so viele Abenteuer erlebt, aber dieser Abend auf dem Sofa im Wohnzimmer war eines der schönsten Erlebnisse, an die ich mich erinnere. Damals hätte ich mir nicht vorstellen können, dass ich jemals diese Klingel benutzen müsste wie ein gewöhnlicher Besucher.

»Scheint nicht da zu sein«, seufze ich enttäuscht.

»Hast du keinen Schlüssel mehr?«

»Doch.«

»Dann sperr doch auf.« Lili hüpft von einem Bein aufs andere. »Ich muss wirklich dringend pinkeln.«

Vielleicht war es doch keine so gute Idee, Lili zu bitten, mir beim Abholen meiner Sachen zu helfen. Mein Plan sah eigentlich vor, Ariane eifersüchtig zu machen. Sie soll ruhig denken, dass sie nicht die Einzige ist, die mit anderen Partnern Spaß haben kann. Vielleicht will sie mich dann ja wieder zurück. Dass Lili unter ihrem grauen Strickpullover heute offensichtlich mal wieder keinen BH trägt, freut mich daher besonders. Trotzdem klappt mein Vorhaben natürlich nicht, wenn Lili sich wie ein Kleinkind mit beiden Händen die Blase zudrückt. Sexy wirkt das jedenfalls nicht.

»Als ich das letzte Mal reinkam, hatte ich den nackten Arsch meines Nachbarn vorm Gesicht. Auf so eine Überraschung kann ich heute gerne verzichten.«

Ich klingle erneut.

»Iiiich plaaaaaattzzzeee«, presst Lili zwischen den Zähnen hervor.

»Wieso bist du nicht vorhin bei dir zu Hause noch aufs Klo gegangen?«

»Da musste ich ja noch nicht.«

»Du klingst wie ein Kleinkind.«

»Ach ja? Wir können ja mal auf deine Blase ein Baby setzen und gucken, wie lange du es damit aushältst. Ja? Willst du das? Ein Baby auf der Blase? Denkst du, das ist geil? Ja?«

Ich bin mir zwar ziemlich sicher, dass Lili maßlos übertreibt, schließlich ist der Embryo in ihrem Bauch nicht größer als ein Teebeutel. Wahrscheinlich könnte man mir eine ganze Schachtel Teekanne-Früchtegenuss-Beutel auf die Blase legen, ohne dass ich etwas merke, aber mein Instinkt sagt mir, es ist klüger, mit ihr keine Diskussion in der Öffentlichkeit über den Harndrang von Schwangeren zu führen.

»Schon gut, beruhig dich«, sage ich daher und schließe das Schloss auf.

Vorsichtig drücke ich die Tür einen Spalt auf. »Hallo? Jemand zu Hause?«

»Niemand da«, japst Lili und schiebt sich an mir vorbei in die Wohnung. »Wo ist das Klo?«

»Im Badezimmer. Ende des Flurs«, rufe ich Lili hinterher, die bereits vorausgeprescht ist.

Lili schließt die Badezimmertür hinter sich, und ich hole aus der Abstellkammer eine Umzugskiste, in der ich meine Habseligkeiten verstaue. Da hallt Lilis Stimme aus dem Badezimmer. »Aaaalter …«

»Was ist?«, rufe ich über den Flur.

»Ich pack's nicht.«

»Was denn?« Meine Stimme klingt nun doch etwas besorgt. Hoffentlich hat sie nicht die Pflegeprodukte am Duschrand entdeckt. Zu meinen Schwächen gehört nämlich auch, dass ich mir meine Haare immer noch mit einem Kindershampoo wasche. Warum sollte ich ein Haarwaschmittel benutzen, das in den Augen brennt, wenn es eine sanfte Alternative gibt? Beim Zahnarzt ziehe ich ja auch die Narkosespritze einem Hammerschlag auf den Kopf vor.

»Falls es wegen der Flasche ›Turtles Bubble Fun‹ ist, die gehört übrigens Ariane.«

»Hier hängen mehr Push-ups über dem Wäscheständer als in der Bachelor-Villa.«

»Na und?«

»So typisch. Was für ein Püppchen, ey.«

»Ich dachte, Frauen sollen sich so sexy kleiden dürfen, wie sie wollen!?«

»Als ob sie die Folterdinger für sich trägt. Und dann wundern, wenn Frauen nicht genauso ernst genommen werden wie Männer. Da krieg ich das Kotzen, ey.«

»Kannst du bitte einfach nur pinkeln, ohne ein politisches Statement abzugeben?«

Das Einsetzen der Klospülung übertönt Lilis Antwort. »Und bring meine elektrische Zahnbürste und das Batman-Handtuch mit«, rufe ich gegen die Toiletten-Wasserfluten an.

Während Lili das Badezimmer ausräumt, gehe ich mit der Umzugskiste unterm Arm hinüber ins Wohnzimmer und wühle mich durch unser DVD-Schränkchen auf der Suche nach Filmen, die mir gehören – was nicht besonders schwer ist, da der Geschmack von Ariane und mir nicht gegensätzlicher sein könnte. Mit dem Finger blättere ich durch die Film-Hüllen auf dem oberen Ablagefach. Darauf stehen Titel wie *Frau mit Hund sucht … Mann mit Herz, Tatsächlich … Liebe, 10 Dinge, die ich an dir hasse, Selbst ist die Braut, Vier Hochzeiten und ein Todesfall* und *Die Braut, die sich nicht traut*. In dem Fach darunter lagern die Filme von Ariane. Hauptsächlich irgendwelche sozialkritischen Werke mit Untertitel aus dem Mittleren Osten. Keine Ahnung, was daran so unterhaltsam sein soll, zwei afghanischen Kindern beim Drachensteigen zuzugucken. Da könnt' ich mich auch einfach in den Park bei uns an der Frankfurter Straße setzen.

Ich nehme meine romantischen Liebeskomödien aus dem Schrank und packe sie in die Umzugskiste. Vielleicht hatte Ariane doch recht, und ich bin wirklich nicht besonders männlich. Jedenfalls halte ich es für möglich, dass *Die Hochzeit meines besten Freundes* nicht in der Filmsammlung von John Rambo auftaucht. Zumindest nicht zweimal, als DVD und Blu-Ray.

»Nanu, Herr Hase? Was machen Sie denn hier?« Frau Mendel steht in ihren Filzpantoffeln auf der Schwelle zum Wohnzimmer und hält unseren Ersatzschlüssel in der Hand.

Ich war so vertieft in das Ausmisten meiner DVDs, dass ich gar nicht bemerkt habe, wie die alte Dame in die Wohnung gekommen ist.

»Oh. Äh. Hallo, Frau Mendel. Ich … äh … hole nur ein paar Sachen ab.« Obwohl ich nach wie vor Miete für die Wohnung bezahle, fühle ich mich wie ein Einbrecher, der auf frischer Tat ertappt wurde.

»Wieso hat Ihre Freundin dann gesagt, Sie würden über das Wochenende wegfahren, und mich gebeten, die Blumen zu gießen?«

Ich muss jeden Muskel im Kiefer anspannen, damit mir vor Frau Mendel nicht das Kinn runterfällt. Ich kann mir schon vorstellen, wo Ariane das Wochenende verbringt. Nämlich in der Tiroler Ferienwohnung ihrer Kanzlei, die sie benutzen darf. Oft genug ist Ariane mit mir für ein paar erholsame Tage dorthin gefahren. Und bestimmt rammelt sie sich jetzt gerade mit der Fitnessgurke in dem rustikalen Holzbett die Spreißel in die Arschbacken, während ich hier zu Hause die Scherben meines Liebeslebens zusammenfege.

»Ach so. Äh ... nein«, stottere ich, nachdem ich realisiert habe, dass mich Frau Mendel immer noch fragend anblickt. Offenbar hat Ariane ihr noch nichts von meinem Auszug erzählt, was ich gut verstehen kann. Diese Tratsch-Oma hätte es brühwarm im ganzen Haus weitererzählt. »Mir kam kurzfristig was in der Arbeit dazwischen, darum bin ich doch hiergeblieben.«

»Es wäre nett gewesen, wenn Sie mir kurz Bescheid gegeben hätten ...«

»Entschuldigung, ich hatte Sie komplett vergessen.«

»Typisch, die jungen Leute denken heutzutage nur noch an sich.«

»Sie haben völlig recht, Frau Mendel. Tut mir wirklich leid.«

»Ja, ja, ja. Schönen Abend noch.«

»Ihnen auch, Frau Mendel.«

Ich schließe die Wohnungstür hinter der alten Frau und gehe in die Küche, wo ich aus dem Schränkchen unter der Spüle eine kleine Gießkanne raushole. Diese stelle ich in das Waschbecken und lasse sie mit Wasser volllaufen. In der Zwischenzeit kommt Lili von der Toilette zurück und beobachtet das Geschehen. »Was, bitte schön, machst du da?«

»Na, ich gieße die Blumen.«

Lili guckt mich an, als ob mir Tauben aus den Ohren flögen. »Also, damit ich das richtig verstehe: Ariane hat dich betrogen – und als Dankeschön kümmerst du dich um ihre Orchideen?«

Ich hebe hilflos die Schultern. »Ach, das würde doch jetzt auch nichts ändern, wenn ich die eingehen lasse.«

»Oh Mann, Emil. Du bist wirklich zu lieb für diese Welt«, seufzt Lili und schlingt von hinten ihre Arme um mich.

»Lili?«

»Ja, Hase?«

»Du hast dir nach dem Klo die Hände gewaschen, oder?«

»Hoppla, hab ich vergessen«, sagt Lili und patscht mit ihren Fingern in mein Gesicht.

»Bäh«, kreische ich und schüttle Lili von mir ab. »Hol lieber mal noch ein paar Umzugskisten aus der Abstellkammer, und pack da bitte das Handtuch und die Zahnbürste rein und meine Klamotten.«

»Wo sind die denn?«

»Im Schlafzimmer. Alles auf der Kleiderstange, und in den drei Weinkisten darunter sind meine Sachen.«

»Alles klar, Chef. Zu Befehl, Chef«, ruft Lili und schlägt die Fersen zusammen.

Als ich gerade dabei bin, Teller in Küchenpapier einzumümmeln, kommt Lili mit einer Umzugskiste in der Hand zurück. »Rekrutin meldet sich zum Dienst. Klamotten sind ordnungsgemäß verstaut.« Sie stellt die Kiste vor mir auf dem Boden ab. »Und hier kannst du das Geschirr reintun.«

»Perfekt, danke. Aber ich brauche bitte noch eine Kiste für Piggy.« Ich deute auf ein rosafarbenes Sparschwein aus Ton in der Größe eines Pudels, das auf dem Kühlschrank steht.

»Was willst du denn mit dem hässlichen Ding?«

»Das ist total praktisch, da sammle ich mein Kleingeld.«

»Allmählich versteh ich, warum Ariane dich verlassen hat«, stöhnt Lili, während sie das klimpernde Sparschwein herunterholt.

»Ariane hat mich nicht verlassen, sondern betrogen.«

»Gut, dass du das klargestellt hast. Das lässt dich natürlich in einem viel besseren Licht erstrahlen.«

Ich verziehe das Gesicht zu einem künstlichen Grinsen.

»Hast du eigentlich schon mal nach einer neuen Wohnung geguckt? 'Ne Freundin von Karola zieht aus ihrer aus. Soll ich die mal anhauen?«

»Ne, lass mal. Ich will erst noch warten.«

»Worauf?«

»Na ja, wie sich das hier entwickelt. Mit Ariane und so ...«

»Du würdest sie doch nicht ernsthaft wieder zurücknehmen, oder?«

»Natürlich.«

»Wieso das denn?« Lili guckt mich an, als hätte ich ihr gerade gestanden, jeden Morgen mit Wurstwasser zu gurgeln.

»Ich liebe sie halt«, sage ich und wickle eine Zewa-Rolle um eine Müslischüssel.

»Aber sie hat dich doch total verarscht.«

»Ssssch ... Ja, isch kann natürlich nischd damid zufriede sei, des isch klar. Aber ich sag au mal ... sssch ... wir alle mache mal 'nen Fehler.«

»Ne, jetzt mal ernsthaft Emil. Was findest du überhaupt an der?«

»Ich weiß nicht«, sage ich unsicher und zucke mit den Schultern. »Sie ist so selbstbewusst. Und sie hat diese riesengroßen Kulleraugen, die einen reinziehen wie ein schwarzes Loch.«

Lili guckt mich einen Augenblick eindringlich an. »Emil, du hast mehr verdient als eine Frau, die bloß schöne Augen und ein bisschen Selbstvertrauen hat.« Dann verlässt sie mit dem Sparschwein unter dem Arm die Küche.

Eine knappe halbe Stunde später ist mein Eigentum verpackt in vier Kisten, die im Flur darauf warten, dass wir sie nach unten tragen. Dabei teilen wir die Arbeit folgendermaßen auf: Ich schleppe, und Lili kommentiert das Ganze.

»Ich würde dir ja helfen, aber ich darf nichts Schweres tragen«, sagt Lili und streichelt mit einer Hand über ihren Schwangerschaftsbauch. »Schaffst du das allein?« Skeptisch blickt sie auf meine Oberarme. Bloß gut, dass ich keinen Stolz habe.

»Easy«, sage ich und gehe in die Hocke, um die vier aufeinandergestapelten Kisten zu greifen. Sofort bereue ich meine große Klappe. Die Kartons sind tatsächlich klavierschwer. Der Kater in meinen Muskeln meldet sich zurück und protestiert vehement gegen mein Vorhaben, indem er seine Krallen in mein Gewebe bohrt.

»Sicher? Sieht ganz schön schwer aus.«

»Geht schon«, presse ich zwischen den Zähnen hervor und taste mit der Fußspitze vorsichtig nach der ersten Stufe im Treppenhaus. Während ich den Kistenturm umständlich vor meiner Brust trage und der Schweiß aus meinen Poren strömt, hopst Lili hinter mir unbeschwert von einer Stufe auf die nächste.

»Wäre es nicht besser, du gehst zweimal?«

»Unsinn«, antworte ich und mache dabei zum ersten Mal die Erfahrung, wie es sich anfühlen muss, wenn die Bandscheibe rausspringt.

»Sieh's mal so. Wolltest du nicht eh zum Sport heute? Das hast du damit praktisch schon erledigt.«

»Toll«, sage ich und versuche dabei zu klingen, als würde ich gar nichts spüren. Stimmt in gewisser Weise auch. Meine Oberarme sind praktisch taub.

Noch zwei Stockwerke.

»Geht's noch?«

»Klar«, stöhne ich.

»Wo warst du eigentlich heute Morgen?«

»Beim ... Psychologen«, schnaufe ich.

»Wie? Beim Psychologen? Echt jetzt?«

»Mal wieder so 'ne Schnapsidee meiner Mum, damit ich meinen Liebeskummer verarbeite und nicht zum Serienkiller werden.«

»Und? Fühlst du dich jetzt anders?«

»Nicht wirklich«, ächze ich unter der Last der Umzugsboxen. »Wir haben ... eigentlich ... nur über sie gesprochen.«

Erster Stock. Schmeeeeeeeeerz.

»Warum das denn? Hast du etwa 'nen Mutterkomplex?«

Ich kann nicht mehr. Ich muss die Kisten einen Moment auf dem Treppenabsatz abstellen. Wieso habe ich Blödarsch eigentlich nicht den Lift genommen? »Quatsch«, sage ich und schüttle meine Arme aus. »Die waren mal zusammen, in der Jugend.«

»Und meinst du, der will noch was von ihr?«

»Keine Ahnung«, sage ich und hieve die schweren Kisten erneut in die Höhe für die letzten Stufen.

»Bestimmt. Deine Mutter sieht doch immer noch super aus.«

»Weiß ich nicht.«

»Ich find schon. Die hat richtig Sexappeal. Ich wünschte, ich hätte ihre Beine.«

»Ich wünschte, wir würden nicht über die Beine meiner Mutter reden.«

Erdgeschoss. Uff, geschafft.

»Gott, bist du verklemmt«, sagt Lili und läuft an mir vorbei, um die Haustür aufzuhalten. »Wir sollten die beiden verkuppeln. Findste nicht?«

»Ne, find ich nicht.«

»Wieso denn nicht?? Das würde sie bestimmt auch ein bisschen von dir ablenken, und du hättest mehr Ruhe.«

»Das ist doch total affig in dem Alter.«

»So ein Quatsch. Man ist doch nicht zu alt für die Liebe«, sagt Lili und öffnet mir die Kofferraumtür, damit ich die Kisten einladen kann. »Aber bitte, musst du wissen.«

Dann schubst sie die Heckklappe wieder zu, und wir steigen vorn ins Auto ein. »Übrigens war eine der Kisten offen«, sagt Lili und steckt den Schlüssel ins Zündschluss. »Ich hab gesehen, dass Arianes Kindershampoo drin liegt.«

Verlegen nestle ich an meinem Gurt rum. »Ach so? Oh, äh … das muss mir beim Einpacken reingefallen sein.«

»Klar«, sagt Lili und startet den Motor. »Wie gut, dass man dafür ja nie zu alt ist.«

Kapitel 15

Verdammt, ich hab verschlafen! Schon halb elf, und in einer halben Stunde habe ich ein Meeting mit dem Buchverlag. Zum Sport wollte ich vorher eigentlich auch noch, aber daraus wird jetzt wohl nichts mehr. Muss ich halt heute Abend gehen.

Ich greife nach meinem T-Shirt vom Vortag, das noch auf dem Fußboden neben der Matratze liegt, und drücke es gegen meine Nase. Na ja, der Lenor-Bär würde sich darin vermutlich nicht einkuscheln, aber für den Termin geht es schon noch. Rasch werfe ich mir das Shirt über und husche ins Badezimmer, wo meine Mutter gerade vor dem Spiegel steht und sich die Haare föhnt. »Guten Morgen, der Herr. Na, gut geschlafen?«

»Guten Morgen«, antworte ich und drängle mich ans Waschbecken. Mit einem nassen Waschlappen wische ich einmal unter meinen Achseln durch.

»Hast du es eilig?«

»Ich muss in zwanzig Minuten beim Verlag sein.«

»Ich kann dich mitnehmen. Ich fahre jetzt eh in die Stadt.«

»Das wäre in der Tat super«, sage ich und wasche den Lappen aus, ehe ich ihn zurücklege. Dann blicke ich mich um. »Wo sind denn die frischen Handtücher?«

»Da hängt doch eins«, sagt meine Mutter und deutet auf ein braunes Frotteetuch über einem Saughaken an der Wand.

»Das ist doch deins«, protestiere ich und fächere mir einfach mit dem Zipfel meines T-Shirts ein paarmal frische Luft unter die Arme, statt wertvolle Zeit mit der Suche nach einem neuen Handtuch zu verlieren. Anschließend nehme ich die elektrische Zahnbürste vom Waschbecken und verteile weiß-rosa Zahnpasta auf dem Bürstenkopf.

»Na und?«

»Da finf feine ganfen Bakferien fran«, entgegne ich mit Zahnpastaschaum im Mund.

»Meine Güte, du stellst dich vielleicht an«, sagt meine Mutter und schaltet den Föhn aus. »Es stört dich doch auch nicht, meine Zahnbürste zu benutzen.«

Entsetzt starre ich auf die Zahnbürste in meiner Hand. Tatsächlich. Wir benutzen beide eine weiße Oral-B. Der einzige Unterschied ist, dass der Knopf zum Einschalten an meiner Zahnbürste blau ist – was auf diesen hier in meiner Hand leider nicht zutrifft. Bäh! Igitt!! Pfui!!! Angewidert spucke ich die Zahnpasta ins Waschbecken und greife nach dem Handtuch über dem Haken, um mir damit hektisch über die Zunge zu rubbeln. Bäh!

»Also, jetzt sind natürlich wirklich Bakterien dran.«

Arrrrrgh! Ich hatte im Affekt nach dem Handtuch meiner Mutter gegriffen.

Der Tag geht ja gut los …

Und er hat offenbar auch nicht vor, sich zu bessern. Denn als meine Mutter und ich auf dem Bürgersteig vor ihrem Polo stehen, drückt sie mir die Autoschlüssel in die Hand. »Bis zum Verlag kannst du ja fahren«, sagt sie und steigt auf der Beifahrerseite ein.

Meine Mutter ist eine gute Autofahrerin. Weder rast sie, noch schleicht sie oder macht waghalsige Überholmanöver. Sie fährt unspektakulär, aber sicher von A nach

B. Sie ist sozusagen der Toni Kroos des deutschen Straßenverkehrs. Leider ist sie dafür eine miserable Mitfahrerin. Ich habe schon Hühnerküken auf dem Schredderband gesehen, die entspannter wirkten als meine Mutter auf dem Beifahrersitz. Wir schleichen gemächlich mit Tempo 30 am Kanal entlang, und meine Mutter hat schon den Griff an der Decke in der Hand.

»Du hast noch gar nicht erzählt, wie es gestern bei Konrad war!?«, beginnt sie das Gespräch. Vermutlich um sich abzulenken.

»Gut«, sage ich. »Schöne Grüße soll ich ausrichten.«

»Oh, vielen Dank. Habt ihr noch mehr über mich gesprochen?«

»Hmhm«, sage ich mit einem leichten Nicken.

»Pass auf!«, schreit meine Mutter und stützt sich mit beiden Armen am Armaturenbrett ab.

Ich trete auf die Bremse. »Was?«

Hinter mir hupt ein BMW-Fahrer, der ebenfalls in die Eisen steigen musste, um nicht bei mir hintendrauf zu krachen.

»Du bist zu nah am Bordstein«, sagt meine Mutter und deutet aus dem Seitenfenster. Ich beuge mich auf ihre Seite, um den Abstand zu kontrollieren, und ganz ehrlich: Dazwischen hätte ein Panzer parken können.

»Mann, Mama. Ich hab das schon im Blick.«

Der blaue BMW zieht links an uns vorbei, wobei der Anzugträger am Steuer es sich natürlich nicht verkneifen kann, uns den Vogel zu zeigen. Ich hebe entschuldigend die Hand und setze das Auto wieder in Gang.

Im Jahr 2018 starben in Deutschland 3265 Menschen im Straßenverkehr. Ich frage mich, wie viele Mütter wohl darunter sind, die von ihrem fahrenden Sohn erschlagen wurden.

»Und?«
»Was, und?«
»Was hat er erzählt?«

Zweihundert Meter vor uns schaltet die Ampel auf Orange. Aus dem Augenwinkel sehe ich, wie meine Mutter mit dem Fuß die imaginäre Bremse tritt.

Jetzt sind es noch hundert Meter. Die Ampel ist mittlerweile rot, und meine Mutter tritt das nicht vorhandene Pedal komplett durch. Bevor sie nun gleich die Bruchlandungsposition einnimmt und den Kopf auf den Schoß legt, drossle ich lieber die Geschwindigkeit.

»Er meinte, du hattest mal einen Porsche.«

»Ist ja witzig, dass er das noch weiß.«

»Und er meinte, ihr wart zusammen mit dem Rucksack in Afrika.«

Meine Mutter schmunzelt. »Ja, wir hatten wirklich viel Spaß.«

»Wieso habt ihr euch dann getrennt?«, frage ich und setze den Blinker, um rechts abzubiegen in die Straße, wo das Verlagsgebäude steht.

»Achtung! Radfahrer! Pass auf!«

»Ich seh ihn, Mama.«

»Es war schön mit ihm. Aber er wollte noch mehr erleben, und ich wollte irgendwann lieber Kinder. Dafür war er noch nicht bereit. Und dann hab ich deinen Vater kennengelernt.«

»Verstehe«, sage ich. Vom ersten Tag an in meinem Leben ist meine Mutter immer für mich da gewesen. Sie hat in der Nacht vor meinem ersten Schultag bei mir im Bett geschlafen, um mir die Nervosität zu nehmen, und stand an jedem Samstag am Spielfeldrand, wenn ich ein Hockeyspiel hatte. Ich hab nie daran gedacht, was sie dafür alles aufgegeben hat.

Ein Gefühl von Schuld breitet sich in meinem Herzen aus wie ein Tropfen Öl im Mittelmeer und erinnert mich an das Gespräch mit Lili am Vortag. Ich stelle den Wagen vor dem Verlagsgebäude ab und blicke zu meiner Mutter hinüber. »Ruf ihn doch mal an.«

»Wen?«

»Na, Konrad. Ich bin mir sicher, er würde sich freuen.«

»Ach, nein …«

»Wieso denn nicht? Papa ist weg, und ich bin ja nun mittlerweile auch aus dem Gröbsten raus.«

»Ich weiß nicht. Was will der denn mit einer alten Mutter?«

»Der ist ja auch keine dreißig mehr«, halte ich dagegen und klinke mich aus dem Gurt. »Überleg's dir einfach«, sage ich und gebe meiner Mutter zum Abschied einen Kuss auf die Wange.

Am Empfang steht ein Mann, der ein bisschen aussieht wie Didi Hallervorden, und schickt mich mit dem Aufzug in den sechsten Stock, wo man mich bereits erwartet.

Als ich oben ankomme und vor einer Glastür stehe, pumpt mein Puls, als ob ich die Treppe genommen hätte. Andere Kerle in meinem Alter treten der Fremdenlegion bei, und ich werde schon nervös wegen eines simplen Geschäftstreffens. Meine Hände sind klamm vom Schweiß wie ein Paar Socken nach dem Schnellwaschprogramm.

Durch die Scheibe sehe ich eine Frau mit globusrundem Bauch über den Flur auf mich zutraben, wobei ihr brauner Pferdeschwanz wild hin und her wippt. Sie winkt mit den Armen und ruft. »Momehent, ich komme. Ich komme schon.« Sie reisst die Tür auf und greift mit beiden Händen so begeistert nach meinen klammen Fingern, als gäbe es nichts Schöneres, als verschwitzte Hände zu schütteln.

»Du musst Emil sein, richtig?«, fragt die Gute-Laune-Kugel. Ich nicke.

»Awesome. Ich bin Sabine, die Verlagsassistenz.«

Es gibt neun Arten von Menschen, die ich verachte:

1. Spieler des FC Bayern München
2. GEZ-Mitarbeiter
3. Menschen, die statt eines Datums lieber »KW49« sagen
4. Terroristen
5. Angestellte in einem Baumarkt
6. Liebhaber von Trauben-Nuss-Schokolade
7. Nazis
8. Menschen, die »awesome« sagen
9. Menschen, die für jeden Scheiß Top-10-Listen erstellen

Wenn auch nicht zwingend in dieser Reihenfolge. Menschen, die Worte wie »awesome« benutzen, gucken auch Netflix-Serien grundsätzlich nur auf Englisch, weil der Witz bei der Übersetzung angeblich verloren gehen würde. Gucken dann aber den Film *Ziemlich beste Freunde* auf Deutsch, weil sie kein Französisch sprechen, und erklären ihn zu ihrem Lieblingsfilm. Aufgeblasene Wichtigtuer.

»Dann komm mal mit«, sagt Sabine und führt mich über einen schmalen Flur mit blauem Teppich an offenen Bürotüren vorbei.

Im ersten Zimmer lungert ein kräftiger Kerl in seinem Stuhl und glotzt unmotiviert auf seinen Bildschirm, von wo der Dalai Lama ihm freundlich entgegenblickt. Mit dem Mauskursor wischt er immer wieder über eine kleine Falte auf der heiligen Stirn, bis sie verschwunden ist.

In der Zimmerecke liegt ein Schäferhund apathisch auf dem Boden. »Das ist unsere Grafikabteilung«, erklärt Sabine. Der Kerl, der ein bisschen aussieht wie »der letzte Bulle«, guckt gelangweilt hoch und sagt »Hallo«.

»Die anderen sind gerade beim Mittagessen«, erklärt Sabine das halbleere Zimmer und geleitet mich zum nächsten Raum, wo eine ältere Dame mit grauen Zausellocken über einem ausgedruckten Manuskript in der Hand brütet. Auf ihrer Nase sitzt eine schmale Brille, die an einer Kette befestigt ist. Ein kleiner Plüschtroll sitzt auf ihrem Monitor und sieht ihr bei der Arbeit zu.

»Mathilda lektoriert unsere erotische Literatur«, klärt Sabine mich auf.

»Ah«, sage ich und versuche mir meine Enttäuschung nicht anmerken zu lassen. Ich habe schon Bimssteine mit erotischerer Ausstrahlung gesehen und kann mir beim besten Willen nicht vorstellen, wie diese Dame die literarische Beschreibung eines Geschlechtsakts redigiert, ohne Schluckauf zu bekommen.

Das nächste Zimmer ist fast leer. Nur ein Schreibtisch steht im Eck. Der Computer ist bereits abgekabelt und steht auf dem Fensterbrett, wo er auf seinen Abtransport wartet. Auf dem Teppichboden stehen zwei Umzugskisten voll mit Büchern. Das Wandregal daneben ist leer geräumt.

»Das war unsere Enzyklopädie-Abteilung«, flüstert Sabine und setzt ihre Führung fort, bis wir schließlich am Ende des Ganges vor dem letzten Zimmer stehen.

Sabine macht eine ausladende Bewegung mit dem Arm. »Tataaa!«

In dem hellen Zimmer mit den großen Fenstern, in das sie zeigt wie ein Achtzehnjähriger auf sein erstes Auto vor den Freunden, steht ein langer Konferenztisch. Um den Kopf des Tisches sitzen eine Frau mit schulterlangem

Haar, das sie am braunen Haaransatz zu einem Mittelscheitel geteilt hat wie Moses das Rote Meer, und zwei Männer in den Vierzigern in Hemden und Bügelhosen, die aussehen wie Sparkassenvertreter. In der Mitte vor ihnen steht eine Plastikbox mit Gummibärchen. Die Frau erhebt sich aus ihrem Stuhl und schüttelt mir die Hand.

»Herr Hase! Schön, dass wir uns nun persönlich kennenlernen. Kerstin Dollbach, freut mich.« Sie deutet auf die beiden Herren in der Runde. »Das ist Christoph Wieser aus der Marketing-Abteilung.« Der Mann mit dem rosa Hemd steht ebenfalls auf und reicht mir die Hand. »Und das ist Marius Hochbrick. Unser Vertriebler.«

»Freut mich«, sagt der andere Mann mit dem blauen Hemd.

Nachdem wir uns alle begrüßt haben, nehmen wir zu viert an dem Tisch Platz.

Frau Dollbach, die Lektorin: »Ich hab die Kollegen eingeladen, bei unserem Meeting dabei zu sein. Vielleicht erzählen Sie ihnen kurz, worum es in Ihrem Buch gehen soll?«

Ich (räuspernd): »Also, im Endeffekt geht es um einen jungen Kerl, der durch Zufall bei einer Frauenzeitschrift landet und dort nun Aufträge erfüllen muss, die ihm so gar nicht liegen.«

Marketing (nachdenklich): »Joa … kann ich mir unterhaltsam vorstellen.«

Vertrieb: »Die Zielgruppe, die das anspricht, ist jetzt natürlich nicht so wahnsinnig groß. Das sollten wir auch im Blick haben.«

Marketing (nickend): »Stimmt. Der Zeitschriftenalltag ist 'ne ganz andere Welt als die von unseren Lesern.«

Vertrieb: »Man darf auch nicht vergessen, dass achtzig Prozent der Buchkäufer weiblich sind. Ob die sich da so reinversetzen können, wie sich ein Mann bei einem Frauenmagazin fühlt?«

Lektorin (scherzend): »Die denken wahrscheinlich alle: Ist doch prima. Worüber beklagt er sich denn?«

Marketing: »Geht es denn auch um eine Frau in der Geschichte?«

In meiner Hosentasche klingelt mein iPhone.

Ich (den Anruf wegdrückend): »Tut mir leid, meine Mutter …«

Lektorin: »Gehen Sie ruhig ran, vielleicht ist es wichtig!?«

Ich: »Eher unwahrscheinlich.«

Lektorin: »Jedenfalls sehe ich das auch so. Es braucht noch eine weibliche Rolle. Herr Hase, vielleicht könnte sich Ihr Held ja in eine Kollegin verlieb…«

Erneut klingelt mein Handy.

Ich (genervt): »Entschuldigen Sie mich bitte, ich ruf doch besser mal zurück …«

Ich schließe die Tür hinter mir und gehe ein paar Schritte den Gang entlang, bis ich weit genug vom Konferenzzimmer entfernt bin, dass niemand mithören kann. Dann wähle ich auf der Anruferliste ganz oben die Handynummer meiner Mutter aus. Es hat noch gar nicht getutet, da hebt sie schon ab.

»Wer ist Tabea3456?«

»Hä? Hallo erst mal.«

»Entschuldige. Hallo, Spätzchen. Also, wer ist Tabea3456?«

Ich durchforste angestrengt mein Großhirn, kann mit dieser Information aber nichts anfangen. »Ich habe beim besten Willen keine Ahnung. Warum fragst du?«

»Weil sie auf Facebook einen Kommentar unter deinen letzten Artikel über die Gesichtsmaske geschrieben hat.«

»Aha«, sage ich mäßig interessiert, da ich mir den Ton des Kommentars schon denken kann. Neunzig Prozent der Kommentare unter Online-Artikeln sind negativ. Deshalb gilt für Journalisten das Gesetz: Lese niemals einen Leser-Kommentar. Meine Mutter kennt diese Regel offenbar nicht.

»Ich dachte, du bist beim Einkaufen?«

»War ich schon. Jetzt sitze ich in einem Café und lese deinen Text. Wie kommt die dazu, zu behaupten, du seist nicht mehr ganz knäcke?«

»Das fragst du vielleicht lieber sie, Mama. Ich weiß es wirklich nicht.«

»Also, mir hat dein Text gefallen.«

»Vielen Dank.«

»Bloß bisschen viele Adjektive. Da solltest du nächstes Mal drauf achten.«

»Ich werd's mir merken.«

»Aber diese LuderLuise89 schießt auf jeden Fall über das Ziel hinaus.«

»Was sagt die denn?«

»Du sollst dir den Tampon aus der …« meine Mutter stockt.

»Ja?«

»Du-weißt-schon ziehen und endlich ein Mann werden.«

»Ach, Mama, solche Kommentare darf man nicht ernst nehmen. Das sind gefrustete Wutbürger, die eine Plattform brauchten, um ihren Frust abzubauen.«

»Aber diese Menschen kennen dich doch überhaupt nicht. Wie können die solche Sachen über dich sagen?«

Meine Mutter ist wie eine Bärenmama, die die dritten Zähne fletscht, wenn jemand ihrem Jungen zu nahe kommt. In der fünften Klasse hat mich Lisa Brunnbauer im Pausenhof mal auf den Boden geworfen, weil sie Taekwondo konnte, die blöde Kuh. Die halbe Klasse stand um mich herum und hat gelacht. Das war ziemlich peinlich. Aber noch viel peinlicher war, als meine Mutter zu Hause die Schramme an meinem Knie entdeckte und daraufhin am nächsten Morgen mit mir an der Hand ins Klassenzimmer trampelte und Lisa vor der ganzen Klasse zur Rede gestellt hat. Kein Knie könnte je so verletzt sein wie mein Stolz an diesem Tag. Und für einen kurzen Moment habe ich tatsächlich Angst, meine Mutter findet heraus, wo diese Tabea3456 wohnt, und schleift mich an der Hand dorthin.

»Ich muss jetzt wieder rein. Wir reden später, okay?«

»In Ordnung. Viel Erfolg.«

Als ich zurück in den Konferenzraum trete, richten alle am Tisch ihre Augen auf mich.

Lektorin: »Alles in Ordnung?«

Ich: »Ja, ja. War nichts Wichtiges. Ich hab ihr gesagt, wir reden weiter, wenn ich zu Hause bin.«

Lektorin: »Sie wohnen bei Ihrer Mutter?«

Ich: »Vorübergehend. Ich hab mich vor Kurzem von meiner Freundin getrennt und noch keine neue Wohnung gefunden.«

Lektorin: »Ach, das ist ja interessant. Und wie ist das so?«

Ich (seufzend): »Mei, für sie bleibe ich halt immer ihr kleiner Sohn. Manchmal ist das ein bisschen anstrengend.«

Lektorin: »Wie alt sind Sie jetzt, wenn ich fragen darf?«

Ich: »35.«

Lektorin (verschränkt die Arme vor der Brust und lehnt sich nach hinten): »Mit 35 zurück ins Hotel Mama. Eigentlich auch eine schöne Geschichte.«

Ich: »Wenn Sie Misery als schöne Geschichte bezeichnen würden ... «

Lektorin: »Verstehen Sie beide sich nicht gut?«

Ich: »Doch, natürlich. Ich mein... sie ist meine Mutter. Ich würde keine andere haben wollen. Aber sie hält mich auch ganz schön auf Trab.«

Lektorin: »Zum Beispiel?«

Ich: »Neulich war ich mit ihr im Fitnessstudio, und sie hat mich vor den ganzen Bodybuildern angefleht, mich nicht zu übernehmen mit den Gewichten.«

Lektorin: »Aber das ist doch lustig. Also, ich würde sowas lesen wollen.«

Marketing (nickt heftig): »Ich auch.«

Vertrieb: »Ich auch.«

Marketing: »Lässt sich auch super vermarkten, weil sich bestimmt viele damit identifizieren können.«

Lektorin: »Das Thema Mietpreise und Wohnungsnot ist ja gerade auch superaktuell. Das passt da wunderbar rein.«

Marketing): »Bin ich ganz bei dir, Kerstin.«

Vertrieb: »Könnte vielleicht sogar die nächste große Welle werden nach Soft-SM-Romanen und Patchwork-Family-Ratgebern.«

Ich: »Aber ich hab ja jetzt schon mit dem anderen Buch angefangen.«

Lektorin: »Flechten Sie das einfach mit ein. Das Muttersöhnchen kann ja trotzdem bei einer Frauenzeitschrift arbeiten.« Klar. Nicht, dass ich sonst noch zu männlich rüberkomme.

»Ich weiß aber nicht, ob meine Mutter genügend hergibt für ein ganzes Buch. So lustig ist sie nicht.«

Lektorin: »Sie können ja auch ein bisschen was dazuerfinden. Es ist ja schließlich kein Sachbuch. Zu einer überfürsorglichen Helikopter-Mama fällt Ihnen doch bestimmt einiges ein.«

Ich: »Das gibt bestimmt Leserbriefe von wütenden Müttern, die mir vorwerfen, wie undankbar und gemein ich sei …«

Lektorin (auf einem Gummibärchen kauend): »Bestseller polarisieren immer, das darf Sie nicht stören.«

Tut es aber irgendwie doch.

Als ich am Abend nach Hause komme, höre ich die Stimme meine Mutter aus der Küche: »Wie ist das passiert?«

»Kann ich irgendwas für dich tun?«

Ich schließe vorsichtig die Tür, damit sie in Ruhe telefonieren kann, und gehe nach nebenan ins Wohnzimmer, wo ich mich erschöpft auf das Sofa werfe und den Fernseher einschalte. Auf Pro7 testet *taff* mal wieder die besten Alltags-Gadgets. Zwei Versuchsmädels erläutern gerade vor der Kamera, warum die Fünf-Euro-Tubenpresse von ihnen das Prädikat »Flash« und nicht »Trash« erhält, als meine Mutter hereinkommt und sich auf einen Sessel setzt. Ihr Gesicht ist ungewohnt blass. »Grüß dich. Und was hat der Verlag gesagt?«

»Sie haben die Idee komplett umgeworfen«, antworte ich.

»Ah«, sagt meine Mutter, während sie geistesabwesend auf den Fernseher blickt, wo die beiden Damen nun eine Bluse über eine Bügelhilfe spannen.

»Sie wollen, dass ich darüber schreibe, wie es ist, mit 35 wieder im Hotel Mama zu wohnen.«

»Sehr schön.«

»Mama, alles okay?«

»Hm?«

»Du wirkst irgendwie abwesend.«

»Entschuldige. Bernd hat gerade angerufen. Meine Tante ist heute Nacht gestorben.«

»Oje, das tut mir leid«, sage ich und schalte den Fernseher aus. »Wie fühlst du dich?«

»Ach ja. Ein bisschen traurig. Aber sie war 104 Jahre alt. Ich denke, es war einfach Zeit.«

»Trotzdem, mein Beileid.«

»Danke, das ist lieb.« Meine Mutter räuspert sich, als säße der Kummer wie Hustenschleim im Hals. Dann erhebt sie sich aus ihrem Sessel. »Na ja, ich koch dann mal das Abendessen. Hast du Hunger?«

»Und wie. Was gibt's denn?«

»Spaghetti mit Spinat.«

Warum frag ich überhaupt.

»Ist das in Ordnung?«

»Klar, Mama.«

Kapitel 16

Tarek schneidet seit fünf Jahren meine Haare. Er kommt aus Syrien und hat einen Friseursalon am Bahnhof. Ein Herrenschnitt kostet bei ihm acht Euro, und nach jedem Besuch bekomme ich einen Stempel in mein Sammelheft. Der zehnte Haarschnitt ist gratis. Wenn man den Salon nach fünfzehn Minuten wieder verlässt, hat man zwar den gleichen Haarschnitt wie Tarek, aber glücklicherweise kommt der Topfschnitt ja nie aus der Mode, finde ich. Meine Mutter findet das nicht. Als wir in der Küche beim Abendessen sitzen, reicht meine Mutter mir einen Berg Nudeln, auf dem ein Klecks grüner Spinat klebt wie Taubenkot auf dem Mount Everest, und sagt: »Die Beerdigung ist nächsten Samstag um fünfzehn Uhr.«

»Ist gut«, sage ich und nehme den Teller entgegen.

»Und ich möchte bitte, dass du da ordentlich aussiehst. Deshalb hab ich für dich einen Termin um zehn Uhr bei meinem Friseur ausgemacht.«

»Ich seh doch ordentlich aus«, protestiere ich.

»Tu mir bitte einfach den Gefallen.«

Meine Mutter ist eine bescheidene Frau, die nicht viel braucht, um glücklich zu sein. Sie ist auf einer Hütte in Garmisch genauso glücklich wie in einem Wellnesshotel auf Mauritius und trinkt sowieso lieber Rooibos-Tee als Champagner. Der einzige Luxus, den sie sich von Zeit zu Zeit von ihrer Schlumpf-Rente gönnt, ist, neben dem Lachsaufschnitt beim Sonntagsfrühstück, ein Besuch bei Mathéo, ihrem Star-Figaro in der Einkaufsstraße.

Ich hingegen finde es total belämmert, achtzig Euro für einen Haarschnitt auszugeben, und hätte mich unter normalen Umständen geweigert. Ich hätte auf den Boden gestampft und protestiert: »Nein! Ich schneide meine Haare nicht! Nein, meine Haare schneid' ich nicht.«

Aber es ist nun mal kein normaler Umstand. Die Tante meiner Mutter ist gestorben, und ich möchte ihr nicht noch mehr Kummer bereiten. Also sage ich bloß: »Meinetwegen.«

Als ich nach dem Essen im Bett liege, fällt mir ein, dass ich bei der ganzen Aufregung total vergessen habe, zum Sport zu gehen. Ich fühle im Dunkeln nach meinem Handy und kontrolliere Maikes Trainingsplan. Jetzt muss ich morgen schon 45 Liegestütze und 150 Sit-ups machen und 180 Sekunden in die Plank-Position gehen. Das gibt bestimmt wieder Muskelkater, stöhne ich vor mich hin und lege das Handy wieder zurück auf den Boden.

Der Friseursalon von Mathéo befindet sich im zweiten Stock eines Barockbauwerks mit hohen, mit Stuck verzierten Decken. Eine drahtige Dame im eleganten Bleistiftrock (ich hasse mich und meinen Job dafür, dass ich weiß, was ein Bleistiftrock ist) steht hinter einem Glastresen und nimmt mich in Empfang. »Herr Hase, folgen Sie mir bitte?« Sie führt mich in ein Nebenzimmer mit hohen Bogenfenstern, die mir einen Blick auf die Einkaufsstraße schenken. Ich könnte ein Fenster öffnen und den Passanten auf den Kopf spucken, während Mathéo mir den Nacken ausrasiert. Die Dame führt mich zu einem schwarzen Drehstuhl vor einem Spiegel und bittet mich, Platz zu nehmen und auf Mathéo zu warten.

»Kaffee?«

»Gerne«, sage ich, und mit einem Kopfnicken verschwindet die Dame aus dem Spiegelbild, um kurz darauf mit einer Cappuccino-Tasse in der Hand wieder aufzutauchen. Auf dem Unterteller daneben liegt ein Amaretto-Keks. Das muss ich schon sagen, der Service ist spitze. Bei Tarek kriegt man höchstens mal ein Pflaster, wenn er einem ins Ohr schneidet. Ich schlürfe an meiner Crema und beobachte einen Vater, der unten auf der Straße seinen quengelnden Sohn von einem Stand mit gebrannten Mandeln wegzieht, als der Meister persönlich kommt. Er trägt einen schwarzen Cashmere-Pullover und eine graue Stoffhose, unter der nackte Fußgelenke aus weißen Sneakers blitzen. Das auffälligste Merkmal aber ist seine rasierte Glatze. Er sieht ein bisschen aus wie Pep Guardiola. Was grundsätzlich nicht schlimm ist. Aber ein Friseur ohne Haare? Das ist wie ein dicker Fitnesstrainer. Ein obdachloser Architekt. Ein Turntrainer im Rollstuhl. Ein Schönheitschirurg mit Warze auf der Backe. Halt einfach nicht besonders vertrauenserweckend.

Der Figaro wickelt mir einen Streifen Krepppapier um den Hals und jagt seine Schere über meinen Kopf. Ich vertreibe mir so lange die Zeit mit der *Gala,* die auf der Ablage unter dem Spiegel liegt, und lese einen Beitrag über Converse-Sneaker mit bunten Mustern und Knöchelsöckchen, die diesen Sommer Trend sein sollen. Auf der Seite daneben ist eine Anzeige mit einem männlichen Model in gelben Converse-Schuhen auf einem Skateboard. Am Rand der Halfpipe sitzen drei schöne Frauen, die ebenfalls alle die schrillen Treter tragen, und haben sichtlich Spaß dabei, dem cooler Skater bei seinen Kunststücken zuzugucken. Der wird von seiner Freundin bestimmt nicht betrogen, denke ich und blicke hinab zu meinen No-Name-Schuhen aus Leinenstoff von H&M, die vor langer Zeit mal weiß waren. Wird vielleicht mal Zeit für ein neues Paar.

Als ich gerade dabei bin zu erfahren, warum sich die neue Freundin von Keanu Reeves ihre grauen Haare nicht färbt, legt Edward mit der Scherenhand sein Arbeitswerkzeug beiseite und hält einen runden Handspiegel hinter meinen Kopf. »So in Ordnung?«

Nein! Überhaupt nicht in Ordnung! Die Haare sind nun hinten und an der Seite viel zu kurz. Meine Ohren stehen frei wie Lewandowski im Paderborner Strafraum und machen mich zwanzig Jahre jünger. Aber Haare wieder anpappen geht ja wohl auch nicht. Also was soll die blöde Frage überhaupt? Beschweren macht jedenfalls keinen Sinn. Deshalb drücke ich ein knappes »Jup« aus meinem Mund und überreiche dem Bleistiftrock beim Rausgehen widerwillig das Geld. Achtzig Euro, damit ich aussehe wie ein Vollidiot. Was ich mir davon alles hätte kaufen können: Die letzten beiden Staffeln von *Game of Thrones*. Oder zehn neue H&M-T-Shirts, die ich bald brauchen werde wegen des Bodybuildings. Oder zehn Haarschnitte plus einmal gratis bei Tarek. Blöde Beerdigung. Es trifft echt immer die Falschen.

Als ich die Wohnungstür öffne, steht meine Mutter vor dem Wandspiegel im Flur und zupft an ihrem schwarzen Kostüm für das letzte Feintuning. Als Erstes kommentiert sie natürlich meinen Haarschnitt. »Oh, sehr fesch. Sieht gut aus.«

»Das hier nennst du fesch?« Ich ziehe an einer Haartolle, die mir in die Stirn hängt. »Der hat mir eine Schmalzlocke verpasst«, schimpfe ich. »Jetzt muss ich mir die ständig hinters Ohr schieben.«

»Na und?«

»Hallo? Unmännlicher geht's ja wohl nicht mehr. Hast du schon mal gesehen, wie sich Rambo eine Strähne hinters Ohr legt, bevor er das vietnamesische Dorf auseinandernimmt?«

»Ich hab den Film nie gesehen.«

»Er macht es nicht. So was macht höchstens Barbie, um Ken beim Candle-Light-Dinner im Malibu-Traumhaus zu signalisieren, dass sie auf ihn steht.«

»Ach, jetzt reg dich doch nicht auf. Es wächst ja wieder raus.«

»Ja, in einem halben Jahr. Und bis dahin seh ich aus wie Hitler am Casual Friday«, motze ich und schmeiße hinter mir die Tür zu meinem Kämmerchen zu, um mich umzuziehen. So gewinne ich Ariane jedenfalls nie zurück.

Der Anzug ist ein bisschen eingelaufen. Ich muss den Bauch einziehen, um ihn zuzumachen, aber ansonsten sitzt er tadellos. Probleme bereitet mir lediglich die Krawatte. Ich habe nämlich keine Ahnung, wie man sie bindet. Die einzige Gelegenheit, bei der ich bisher einen Schlips tragen musste, war meine Kommunion. Damals war ich neun Jahre alt, und mein Vater hat sie mir gebunden. Danach hat er in die Hand gespuckt und mir einen Seitenscheitel gezogen. Das war nicht so James-Bond-like.

Meine Mutter klopft an die Tür. »Bist du fertig? Wir müssen bald los.«

»Jaha, gleich«, rufe ich gestresst zurück und ziehe das dicke Ende durch eine Schlaufe, so wie mein Vater es mir damals gezeigt hat. Anschließend begutachte ich das Ergebnis mit der Selfie-Kamera meines Handys. Leider sieht das an meinem Hals eher wie ein bösartiger Kehlkopftumor und weniger wie ein Windsor-Knoten aus.

»Emil?«

»Einen Moment noch!«

Verdammterdrecksfickenkackmist, fluche ich und zerre an dem Band. Ich brauche vier Versuche, bis die Krawatte schließlich halbwegs sitzt und ich mich meiner Mutter präsentieren kann, die bereits ungeduldig im Flur auf mich wartet. Sie mustert mich von oben bis unten. »Der Anzug steht dir sehr gut.«

Und dann sagt sie einen Satz, den ich eigentlich niemals von meiner Mutter hören wollte: »Und jetzt bitte mal von hinten.«

»What?«

»Dreh dich um, ich will sehen, wie der Anzug von hinten aussieht.«

»Ach so.«

Die Trauerfeier findet in einer kleinen Kapelle auf dem Friedhofsgelände statt. Eine Busladung voll zum größten Teil älterer Angehöriger und Bekannter hat sich auf den Holzbänken niedergelassen und lauscht nun den Worten des Pfarrers am Altar, während der Messdiener einen Kelch mit Weihrauch durch den Raum schwingt und mich ganz dusselig macht.

Ich kannte die Tante meiner Mutter nicht und der Pfarrer offenbar auch nicht. Lieblos betet er ein paar trockene Informationen über die Frau herunter, die dort neben ihm in dem Sarg liegt. Die könnten genauso gut in einem Wikipedia-Artikel stehen. 104 Jahre war Großtante Elisabeth auf dieser Welt. Sie hat einen Weltkrieg miterlebt und den Fall der Mauer. Und am Ende geht sie von uns als der Mensch, der sich am Donnerstag immer auf den Hackbraten im Altersheim gefreut hat? Diese Zusammenfassung wird einem Menschenleben nicht gerecht, und ich blicke zu meiner Mutter hinüber, um mein Missfallen an der Zeremonie zu äußern. Aber als ich ihre Augen sehe, die feucht schimmern, beschließe ich, meine Klappe zu halten, und drücke einfach nur ihre Hand.

Nach der Messe marschieren wir alle rüber zu einem Café, das drei Straßen weiter steht und wo der Onkel meiner Mutter vier Tische reserviert hat. Die meisten Gäste kenne ich nicht, weshalb meine Mutter mich jedem an unserem Tisch vorstellt. »Das ist übrigens mein Sohn Emil«, sagt sie und legt mir die Hand auf die Schulter. »Er ist Autor. Er schreibt ein Buch.« Jedes Mal, wenn ich mit meiner Mutter irgendwohin gehe, wo wir auf Bekannte von ihr treffen, prahlt sie mit mir. Das war schon immer so. Ganz egal, wie unbedeutend meine Leistung war.

»Emil kann jetzt ›Stille Nacht, heilige Nacht‹ auf der Blockflöte spielen.«

»Emil hat den Übertritt aufs Gymnasium geschafft.«

»Emil hat jetzt seinen ersten Pickel.«

Für meine Mutter bin ich ein Meisterwerk. Michelangelo hat die Sixtinische Kapelle gemalt, und meine Mutter hat mich aus ihrer Vagina gepresst. Ich bin praktisch wie die Davidstatue, bloß mit Geheimratsecken. Aber über Kunst lässt sich bekanntlich gut streiten, und nicht alle am Tisch scheinen so beeindruckt von mir zu sein wie meine Mutter.

»Wie nett«, sagt eine ältere Dame, die mir schräg gegenübersitzt. »Mein Jüngster schreibt auch. Der hat im Internet so einen Blog, wo er über seine Urlaubsreisen schreibt.«

»Das ist doch etwas völlig anderes«, antwortet meine Mutter.

»Ach so? Worüber schreibst du denn?«, fragt mich die Dame.

»Also, das Buch handelt von einem Mann, der mit 35 Jahren wieder bei seiner Mutter wohnt. Aber ich schreibe auch noch für eine Frauenzeitschrift«, antworte ich brav.

»Und davon kann man leben?«, möchte ein älterer Herr mit dunklen Altersflecken auf dem Gesicht wissen, der links von meiner Mutter sitzt.

»Mein lieber Dieter, glaubst du vielleicht, dass Stephen King nebenbei noch Currywürste an 'ner Imbissbude verkauft?«, klärt meine Mutter ihn gereizt auf.

»So eine amerikanische Wissenschaftszeitung hat neulich einen Beitrag über meine Tochter geschrieben, weil sie bei einem Patienten eine neue Krankheit entdeckt hat«, sagt Dieter.

Das Ganze erinnert mich ein bisschen an das Autoquartett-Spiel, das ich als Kind mit meinem Vater gespielt habe. Nur jetzt sind es keine Autos, sondern eben Kinder, und ich warte gespannt, ob gleich jemand in die Runde fragt: »Anrufe im Jahr?«

Und jemand anders aufspringt und ruft: »Fünf! Sticht!«

Glücklicherweise brechen meine Mutter und ich auf, bevor die Herrschaften sich mit ihren Rheuma-Fingern noch den grauen Star aus den Augen kratzen.

Im Taxi auf der Rückfahrt denke ich über die Beerdigung nach und darüber, dass auch meine Mutter und ich irgendwann sterben werden. »Hast du eigentlich ein Testament?«, frage ich meine Mutter, die vorn auf dem Beifahrerplatz sitzt und gerade nervös auf ihr imaginäres Bremspedal tritt, während das Taxi auf eine rote Ampel zufährt.

»Wozu?«, fragt sie und blickt zu mir über die Schulter. »Ich hab doch nichts, was ich vererben könnte.«

»Du solltest zumindest irgendwo für mich festhalten, ob du lieber beerdigt oder verbrannt werden möchtest.«

»Och, das ist mir eigentlich egal«, sagt sie und richtet den Blick wieder nach vorn, um den Straßenverkehr im Auge zu behalten.

»Aber ich ab vor ein paar Jahren eine Patientenverfügung unterschrieben und dir die Vollmacht übertragen, wenn ich mal im Koma liegen sollte.«

Einen kurzen Moment bin ich von diesen Worten total überfahren. Es rührt mich, dass meine Mutter ihr Leben in meine Hände legt. Mir hat noch nie jemand so viel Verantwortung übertragen. Es erfüllt mich mit Stolz, dass meine Mutter der Meinung ist, ich bin dieser Aufgabe gewachsen. »Mach dir keine Sorgen«, sage ich mit weicher Stimme. »Ich verspreche dir, ich werde keine lebenserhaltenden Maßnahmen erlauben.«

»Was? Nein!«, ruft meine Mutter und dreht sich ruckartig zu mir um. »Ich will an jedes erdenkliche Kabel angeschlossen werden. Hörst du? Solange auch nur eine Synapse in meinem Gehirn noch funkt, lässt du die Maschinen bitte an.«

»Na ja«, entgegne ich ruhig. »Ich würde sagen, das sehen wir dann ...«

Kapitel 17

Es ist Montagnachmittag. Als ich von der Arbeit nach Hause komme, höre ich im Flur die Stimmen meiner Mutter und von Lili aus dem Wohnzimmer. Dem Klang des Fernsehers nach gucken die beiden gerade *Champ am Herd* zusammen.

»Der Bärschlauch tät mir ja schon gefallen. Den würd' ich auch an meinen Herd lassen«, höre ich die Stimme meiner Mutter.

»Nä«, antwortet Lili. »Ich find den so geschleckt.«

»Papperlapapp, Hauptsache, der küsst so gut, wie er kocht.«

»Ulla, du Luder«, scherzt Lili.

»Hihi«, sagt meine Mutter.

»Ich kotze gleich«, sagt mein Magen.

Ich öffne die Zimmertür und finde die beiden zusammen auf der Couch sitzend vor einer Kanne Tee auf dem Beistelltisch.

Lilis Mutter und meine Mutter waren früher eng befreundet und wohnten in jungen Jahren für eine Weile zusammen in einer WG. Vor fünf Jahren ist Marita an Brustkrebs gestorben. Seitdem ist meine Mutter so was wie Lilis Ersatzmutter.

»Grüß dich«, sagt meine Mutter. »Magst du auch einen Tee?«

»Nein danke. Wir müssen gleich wieder los«, sage ich und wende mich dann an Lili. »Bist du startklar?«

»Ready when you are«, sagt sie, steht auf und kippt das letzte Schlückchen Tee in ihrer Tasse runter wie ein Cowboy seinen Whisky. Bloß dass Lili dabei den kleinen Finger abspreizt, was der Cowboy jetzt wahrscheinlich eher nicht tun würde.

»Wo wollt ihr denn hin?«, fragt meine Mutter.

»Wir holen bei Ikea einen neuen Schrank und bauen ihn bei mir auf«, sagt Lili und schnappt sich ihre Jacke. Das war natürlich eine Lüge. Lili weiß, dass ich zwei linke Hände habe. Ich wäre der Letzte, den sie bei der Montage eines Möbelstücks um Hilfe bitten würde. Selbst ein blindes Baby würde sich dabei geschickter anstellen als ich.

In Wahrheit begleitet Lili mich in die Stadt, um mir bei der Auswahl eines Geburtstagsgeschenks für meine Mutter zu helfen.

»Was hast du eigentlich für sie?«, frage ich, als wir auf der Rolltreppe stehen und aus dem U-Bahn-Untergrund hinauffahren an die Oberfläche des Stachus.

»Sie schläft doch immer so schlecht ein.«

»Ach, echt? Tut sie?«

»Deswegen schenke ich ihr ein Hörbuch von ihrem Lieblingsbuch, als sie ein Kind war, das ich selbst einspreche«, sagt Lili mit einem stolzen Grinsen im Gesicht.

»Respekt, das ist wirklich nicht schlecht«, nicke ich anerkennend. »Kann ich mich da nicht dranhängen?«

Lilis Mundwinkel stürzen steil nach unten. »Vergiss es.«

»Oh Mann, mir fällt aber nichts ein«, jammere ich wie ein kleines Kind.

»Deswegen helfe ich dir ja. Was hast du ihr denn letztes Jahr geschenkt?«

»Einen Bademantel.«

»Dein Ernst?«

»Wieso? Sie badet viel.«

»Und ich esse viel. Trotzdem will ich keinen Kochtopf.«

»Toll, muss ich dein Geschenk also wieder umtauschen.«

»Witzbold«, sagt Lili und bückt sich, um das Erinnerungsfoto einer asiatischen Reisegruppe vor dem Karlstor nicht zu ruinieren.

»Und was hast du ihr das Jahr davor geschenkt?«

»Handtücher.«

Lili stößt einen spitzen Pfiff aus. »Lass uns dieses Jahr mal versuchen, was zu finden, das es nicht bei Tchibo in der Ecke mit dem Badezubehör gibt.«

Vor einem Footlocker Store packe ich Lili am Arm.

»Lass da mal reingehen.«

»Was soll sie denn mit Turnschuhen?«

»Ich brauch neue Sneaker«, sage ich und schleife sie in den Laden.

Ich nehme einen gelben Converse-Schuh aus dem Regal und setze mich damit auf einen kleinen Hocker im hinteren Teil des Geschäfts, um ihn anzuprobieren.

Neben mir steht ein Korb mit Knöchelsöckchen. Dabei fällt mir wieder der Beitrag in der *Gala* ein, und ich beschließe, dass es ja nicht schaden könnte, mal was Neues zu probieren. Vor allem, wenn es jetzt hip ist.

Ich streife also meine löchrigen Wollsocken ab und stülpe das weiße Söckchen über meinen Fuß. Skeptisch betrachte ich meinen blanken Knöchel.

»Was meinst du?«, frage ich Lili unsicher.

Lili zuckt ratlos mit den Schultern. »Passen zu den Converse jedenfalls besser als deine Tennissocken. Das sieht unmöglich aus in kurzen Hosen.«

»Meine Beine sehen aus wie zwei gerupfte Gänsehälse. Ich könnte die Flügelschuhe von Hermes dem Götterboten samt seinen Socken anziehen und sähe trotzdem kacke aus in kurzen Hosen.

»Ich find, ich seh aus wie ein Stripper.«

»Quatsch«, sagt Lili.

»Na gut, dann nehm ich die. Aber die Schuhe brauch ich eine Nummer größer«, sage ich und rufe eine junge Verkäuferin herbei, die wie alle Footlocker-Mitarbeiter die Uniform der amerikanischen Football-Schiedsrichter trägt, obwohl bei der NFL gar keine Frauen pfeifen. Aber da pfeifen die hier wohl drauf.

Wir verlassen das Geschäft in meinen neuen Sneakern und laufen Richtung Marienplatz. Am Fischbrunnen bleibe ich stehen und zupfe meine Söckchen, so weit es geht, nach oben. Lili dreht sich genervt zu mir um. »Was ist denn jetzt schon wieder?«

»An meinen Knöcheln zieht's!«

»Du gewöhnst dich schon dran.«

»Ich hab das Gefühl, mir starrt jeder auf die Fußgelenke.«

»Komm jetzt, wir haben nicht den ganzen Tag Zeit«, nölt Lili und zieht mich hinter dem Rathaus in eine Seitenstraße.

»Wie wäre es mit etwas von hier?«, sage ich und deute auf das Schaufenster des Feinkostgeschäfts Dallmayr. »Ich könnte ihr ein Fresspaket schenken mit edlen Trüffelnudeln.«

Lili schüttelt den Kopf. »Trüffel mag sie nicht.«

»Echt nicht?«

»Nope.«

Lili kennt meine Mutter besser als ich. Manchmal ruft Lili meine Mutter sogar an. Zum Telefonieren. Einfach so. Ohne Grund. Ich frage mich, warum ich mit meiner Mutter nicht so gut auskomme. Liegt es am Ende sogar ein Stück an mir? Eine schwierige Frage, auf die es keine einfache Antwort gibt …

»Klar liegt das an dir. Volle Kanne. Du verbringst doch nie Zeit mir ihr«, sagt Lili und gibt mir ein Zeichen, dass wir weitergehen.

»Hallo? Ich verbringe 24 Stunden am Tag mit ihr!«

»Und wie oft unternimmst du davon aktiv etwas mit ihr?«

»Ich war mit ihr auf der Beerdigung.«

»Mega. Da kann deine Mutter ja nur hoffen, dass noch möglichst viele Verwandte ins Gras beißen.«

»Beim Sport waren wir ja auch.«

»Und dafür willst du jetzt einen Pokal, oder was?«

»Ich meine ja nur, dass …«

»So, hier finden wir bestimmt was«, unterbricht mich Lili.

Ich blicke auf das Schild über der gläsernen Eingangstür, wo in grünen und weißen Buchstaben »Manufaktum« steht. »Das Geschäft kenn ich gar nicht.«

»Ist das Lieblingsgeschäft deiner Mutter«, sagt Lili und hält mir die Tür auf. »Und hier besorgen wir jetzt einen hübschen Kerzenständer für sie.«

»Was soll denn ein hübscher Kerzenständer sein?«, frage ich, während wir durch den Gang schlurfen, vorbei an Gin-Selbstmach-Sets, Design-Teekannen und Ledertaschen. Ich nehme eine Brotbox aus einem Regal, drehe sie ein paarmal in der Hand und lege sie wieder zurück.

»So was hier«, sagt Lili und hält einen schwarzen Teller vor ihren Babybauch, auf dem sieben dünne Nadeln in die Höhe ragen. An der Spitze der Nadeln ist jeweils ein kleiner Querbalken, wie bei einem Kreuz.

»Sieht eher aus wie ein Friedhof für Zinnsoldaten.«

»Vertrau mir einfach.«

»Na gut, und was kostet der?«

Lili kippt den Teller, um das Preisschild auf der Unterseite zu lesen. »52 Euro.«

»So viel? Für 'nen Kerzenständer? Da sind ja noch nicht mal die Kerzen dabei.«

»Boah ey, geiz jetzt nicht rum. Du hast grad achtzig Euro für Schuhe ausgegeben. Da wirst du ja wohl einmal im Jahr ein bisschen für deine Mutter springen lassen können, die dich bei ihr wohnen lässt.«

»Okay, okay«, grummle ich.

»Braves Häschen«, sagt Lili und drückt mir den Kerzenständer in die Hand. »Bezahl schon. Ich brauch noch was. Wir treffen uns gleich draußen vor der Tür.«

Zehn Minuten später tritt Lili mit einem Notizbuch aus dem Laden. »Für dich, Hase«, sagt sie und überreicht mir feierlich den hellbraunen Ledereinband. »Da kannst du deine Gedanken reinschreiben für deinen ersten Bestseller.«

Völlig überwältigt von dieser Geste nehme ich das Geschenk an mich. »Du … du spinnst doch«, sage ich ganz verdattert.

»Na, hör mal, es schreibt schließlich nicht jeder ein Buch.«

»Aber das ist doch nur banales Zeug, nichts Intellektuelles.«

»Auch so was muss es geben. Sonst wäre die Welt viel zu ernst«, sagt Lili und harkt sich bei mir ein. »Banalität ist ein Zeichen, dass es unserer Gesellschaft gut geht. Denn nur dann hat sie die Zeit, so etwas zu produzieren.«

Kapitel 18

Zu Hause steht meine Mutter vor dem Badezimmerspiegel. Sie trägt ein rotes Abendkleid aus Velours und hält sich einen Parfum-Flakon vors Gesicht.

»Konntet ihr den Schrank aufbauen?«, ruft sie mit geschlossenen Augen aus dem Bad und drückt ab. Eine süße Vanille-Gischt spritzt auf ihre Stirn.

»Was? Ach so. Ja, war kein Problem«, sage ich und verschwinde mit dem Kerzenständer hinter dem Rücken in die Küche, wo ich das Geschenk oben auf dem Küchenbuffet verstecke.

»Hast du meinen Hausschlüssel gesehen?«

»Der ist hier auf dem Buffetschrank«, sage ich und reiche ihn meiner Mutter, als sie in die Küche kommt.

»Ah, du bist ein Schatz.« Sie steckt den Schlüssel in ihre schwarze Clutch.

»Wo gehst du denn hin?«, frage ich.

»In die Oper.«

»Allein?«

»Mit einem Bekannten.«

»Aha!? Kenn ich den?«

»Meine Güte, du bist aber neugierig. Konrad hat mich eingeladen, wenn du es genau wissen möchtest.«

»Der Psychotherapeut?«

»Hmhm«, macht meine Mutter und zieht vor der Glasscheibe des Küchenbuffets noch mal den Lippenstift nach.

»Also hast du ihn doch angerufen?«

»Er hat mir auf Instagram geschrieben, ob ich mitgehen möchte.«

Klar. Meine Mutter ist erst seit drei Tagen auf Instagram und hat schon ein Date. Mich hat in drei Jahren noch niemand auf dieser Plattform angeschrieben. Ich möchte gar nicht herausfinden, was passiert, wenn meine Mutter erst von Tinder erfährt.

Es klingelt an der Tür. Meine Mutter packt den Lippenstift zurück in die Handtasche und schreitet in den Flur, wo sie den Telefonhörer abnimmt. »Hallo?«

Ich seufze und drücke auf den Türöffner. »Sie kommt gleich«, sage ich durch die Sprechanlage.

»War das die Tür?«, fragt meine Mutter überrascht.

»Jup.«

»Gut, dann bin ich jetzt weg.«

»Aber doch nicht ohne Jacke. Heute Abend soll es kalt werden.«

»In der Oper ist es warm«, sagt meine Mutter und gibt mir einen Abschiedskuss auf die Wange. »Abendessen für dich steht auf dem Herd.« Dann ist sie weg, und ich bin allein. Endlich. Ein ganzer Abend nur für mich.

Hm.

Und nun? Unschlüssig stehe ich im Flur. Ich könnte an meinem Roman weiterschreiben. Andererseits hat mein Gehirn um diese Uhrzeit schon die Strickweste angezogen und döst im Feierabendmodus. Einen kreativen Satz bringe ich heute nicht mehr zustande. Stattdessen gehe ich rüber ins Wohnzimmer, wo ich mich zwischen die Sofakissen werfe und den Fernseher einschalte. Auf Comedy Central läuft *Modern Family*. Claire und Cam wollen gemeinsam ein Haus kaufen. Phil sabotiert den Plan und schiebt Mitchell den Schwarzen Peter zu, woraufhin dieser wütend bei Claire anruft, um die Geschichte aufzulösen. Zu seinem Pech geht Phil ans Telefon. Ich habe die Folge schon hundertmal gesehen. Es ist die einzige Sitcom, bei der Ariane sich zu mir aufs Sofa gesetzt hat, um mitzugucken.

Ich frage mich, warum die Menschen im Fernsehen sich am Telefon nie verabschieden?

Ich schalte den Fernseher wieder aus und rufe Lili an.

»Na, schon wieder Sehnsucht nach mir?«, höre ich ihre Stimme. Im Hintergrund brummt es.

»Mir ist langweilig. Was machst du?«

»Ich bin mit Karola auf dem Weg zu einem Vortrag.«

Beim Namen Karola flutscht mir ein verächtliches »Ah« aus dem Mund.

»Du kannst gerne mitkommen. Aber ich glaub nicht, dass dich das interessiert.«

»Was hört ihr euch denn an?«

»Aspekte feministischer Klassenpolitik.«

»Wie blöd, den kenn ich leider schon.«

»Hab ja gesagt, das ist nichts für dich.«

»Stimmt«, sage ich und lege auf.

Ich hab das Handy noch in der Hand, da ruft Lili schon wieder an. »Bist du jetzt beleidigt, oder was?«, keift sie in das Telefon. »Du hast einfach aufgelegt.«

»Ach so, nein. Ich dachte, das Gespräch sei fertig.«

»Ja, aber Tschüs kannst du ja wohl noch sagen.«

»Du hast recht, entschuldige. Ich wünsch dir einen schönen Abend, und wir hören uns die Tage. Okay?«

»Okay, tschüs.«

Pff, Hollywood … Ich lege wieder auf und gehe in die Küche. Mal gucken, was es zu essen gibt. Nudeln mit Tomatensoße. Hätte ich mir eigentlich denken können, denke ich mir und mach den Deckel wieder zu. Geh ich stattdessen halt zum Sport. Ich stopfe meine Sportklamotten in einen Rucksack und sperre hinter mir die Wohnungstür ab. Bis zum Fitnessstudio sind es fünfzehn Fußminuten. Ich stecke meine Kopfhörer in die Ohren und marschiere, von Billie Eilish begleitet, summend die Herzogstraße entlang.

»So you're a tough guy
Like it really rough gu…«

Fuck! Ich bleibe abrupt auf dem Gehweg stehen. Ich Depp hab kein Handtuch dabei. Ohne Unterlage darf man in dem Gym nicht trainieren. Aber jetzt noch mal zurücklaufen, die Stufen hochsteigen bis zur Wohnung und den ganzen Weg noch mal auf mich nehmen? Ne, echt nicht. Geh ich stattdessen eben morgen. Ich studiere meinen Trainingsplan. Dann muss ich also 90 Liegestütze, 300 Sit-ups und … hm. Vielleicht fange ich besser erst zum Monatsanfang mit dem Bodybuilding an. Und dafür dann aber richtig. Ohne Ausreden. Motiviert durch das Bewusstsein, schon bald Muskeln wie Schwarzenegger zu haben, mit denen ich Ariane zurückerobere, trete ich den Heimweg an.

»Just can't get enough guy
Chest always so puffed guy
I'm that bad type«

Unterwegs mache ich noch einen Zwischenstopp bei Kamil. Der ist gerade dabei, den Laden zu schließen, und stellt die Stühle auf die Tische.

»Habibi, was geht?«

»Hi, Kamil, krieg ich noch einen Döner?«

»Sorry, Fleisch hab ich schon weggepackt. Vegetarischen Döner kannst du haben.« Er deutet auf den geputzten Spieß, der kahl im Waschbecken liegt.

»Auch gut.« Weil aber immer noch der widerliche Ingwergeschmack vom letzten Mal auf meiner Zunge liegt, schicke ich schnell hinterher: »Aber einen normalen bitte. Tomate, Blaukraut, Salat, du weißt schon …«

Kamil runzelt die Stirn. »War nicht gut letztes Mal?«

»Doch, doch«, sage ich schnell. »Aber heute ist mir irgendwie nach dem Klassiker.«

»Mach ich dir«, sagt Kamil und schneidet ein Fladenbrot auf. »Stellst du die restlichen Stühle hoch?«

»Hast du was vor?«

»Ein Kumpel und ich gehen in eine Bar«, sagt Kamil und stopft das Gemüse zwischen die Brothälften. »Willst du mitkommen?« Er drückt auf eine Plastikflasche und verteilt die weiße Joghurtsoße auf meinem Döner. »Dann lernst du neues Mädchen kennen.«

Weil ich ohnehin nichts Besseres vorhabe, sage ich zu. »Kann ich meinen Rucksack hierlassen?«

»Logo, Habibi. Du isst deinen Döner, und ich mach so lange den Laden fertig. In fünfzehn Minuten geht's los. Cool?«, fragt Kamil und reicht mir den Döner über die Theke.

»Cool.«

Wir treffen Kamils Freund in der Shisha-Bar »Marokko«. Die Deckenleuchten färben den Raum in ein dunkles Violett, und aus den Boxen dudeln arabische Klänge. An der Wand entlang steht eine Bank aus schwarzem Kunstleder mit weißen Kissen, auf der Fares sitzt und an einer Wasserpfeife saugt. Kamil begrüßt seinen Kumpel mit Wangenküssen. »Das ist mein Kumpel Emil. Ich hab ihn mitgenommen, damit er nicht immer an seine Ex denkt.«

Fares lacht und deutet mit dem ausgestreckten Arm in den Raum, als wäre er der Löwenkönig Mufasa, der seinem Sohn das Reich präsentiert. »Da bist du hier genau richtig, Digga«, sagt er und reicht mir die Hand. Dann nehmen wir alle wieder auf der Bank Platz. Fares in der Mitte und Kamil und ich jeweils zu seiner Seite. Kamil nimmt Fares das Mundstück aus der Hand und zieht ein paarmal an der Wasserpfeife. Eine nach Apfel riechende Wolke nebelt meinen Döner-Versorger ein. Dann reicht er die Pfeife wieder an seinen Freund. »Paar Lektionen hab ich ihm schon gegeben, um aus ihm einen richtigen Ladykiller zu machen.«

Fares rollt mit den Augen. »Digga, du bist seit zwei Jahren verheiratet. Was weißt du von den Ladys?« Er legt seinen Arm verschwörerisch um meine Schulter und rutscht an mich heran. »Vergiss, was der Schwätzer dir gesagt hat. Wichtig ist nur, dass du den Frauen zeigst: Du bist der Babo.«

Ich nicke. Obwohl ich mir nicht sicher bin, was ein Babo ist. Klingt wie eine Affenspezies, die irgendwo im Regenwald von Sumatra lebt. Weil ich mir nur schwer vorstellen kann, dass er die gemeint hat, frage ich lieber noch mal nach. »Der was?«

»Der Babo. Der Chef, Digga. Frauen wollen keinen Mann, der schüchtern ist. Weißt du, warum?«

Ich schüttle den Kopf. »Das ist Genetik, Digga. Guck, in der Steinzeit gab es viele Gefahren. Säbelzahntiger und so. Und deshalb war es für Frauen überlebenswichtig, sich einen Mann zu suchen, der sie beschützen kann. Das ist in den Frauen drin. Das kriegen die nicht raus. Deshalb ist es für dich wichtig, dass du bestimmt auftrittst.«

Fares legt eine kurze Pause ein und saugt an seiner Wasserpfeife, ehe er weiterspricht. »Guck mal das Mädel da.« Er deutet mit einer Kopfbewegung zu einer jungen Frau neben mir auf der Bank, die mit ihren vier Freundinnen am Nachbartisch sitzt. Sie sieht ein bisschen aus wie Jennifer Aniston, bloß dass ihre Haare ein wenig dunkler sind und streng hinter den Ohren liegen. Außerdem ist ihr Mund kleiner, aber dafür sind ihre ferrariroten Lippen dicker, und ihre Nase ist viel zierlicher. Eigentlich ziemlich schockierend, wie gut ich Jennifer Aniston vor Augen habe. Ich sollte echt weniger Liebeskomödien gucken.

»Was ist mit ihr?«

»Sag mal, wie würdest du die ansprechen?«

»Na ja, ganz normal halt. Ich würde nachher zu Hause auf meinem Laptop die Facebook-Seite von der Bar aufrufen und mich durch alle Posts klicken. Vielleicht ist sie ja öfter hier und hat mal ein Foto kommentiert oder die Seite gelikt. Dann würde ich ihr Profil anstupsen und auf eine Reaktion warten.«

Von links höre ich das Lachen von Kamil.

Fares dreht sich zu ihm um: »Alter, wen hast du mir hier angeschleppt?« Dann dreht sich mein Flirtlehrer wieder zu mir und sagt mit ernster Miene: »Du sagst einfach: Hey, ich lad dich auf einen Drink ein. Was willst du?« Fares klopft mir gegen die Schulter. »Nicht fragen, ob sie einen Drink will. Einfach bestimmen. Verstehst du?«

Verstehen tue ich das schon, ich kann mir nur nicht vorstellen, dass das funktioniert. Andererseits hätte ich mir auch nie vorstellen können, dass Ariane mich mit ein paar stumpfen Muskeln betrügen würde. Also scheint an dem Macho-Gehabe ja doch was dran zu sein. Nervös bin ich trotzdem. Hinzu kommt, dass sich die junge Jennifer Aniston blöderweise ihren Freundinnen zugedreht hat. Vorsichtig tippe ich ihr mit dem Finger auf die Schulter. »Entschuldigung?«

Super. Schon mal total männlich.

Die Frau dreht sich um und guckt mich erwartungsvoll an.

»Ja?«

»Also, ähm. Ich würde dich gerne auf einen Drink einladen. Was willst du trinken?«

»Ich hab schon, danke«, sagt sie und hebt zum Beweis ihr halb volles Glas, das sie in der Hand hält.

»Ach so, okay«, sage ich und drehe mich wieder zu Fares. Der ist gerade mit Kamil in ein Gespräch über den Auftritt bei der Koch-Show vertieft. Also tippe ich Kamil ebenfalls auf die Schulter. Ich fühl mich schon wie ein Kandidat der Quizsendung *Ruck Zuck*.

»Sie hat schon einen Drink.«

Fares guckt, als würde er sich gerade fragen, welchen Verwandtschaftsgrad wohl meine Eltern haben. »Digga, egal. Red weiter mit ihr. Frag, ob eine von ihnen heute Geburtstag hat oder ob das alles Freundinnen sind.« Ich drehe mich also erneut zu meiner Tischdame um, die sich genau in diesem Moment nach vorn beugt, um die fertig gerauchte Wasserpfeife beiseitezustellen, und beim Zurücklehnen mit ihrem Hinterkopf gegen meine Stirn knallt. Ich muss mir auf die Zähne beißen, um keinen Schmerzenslaut auszustoßen, was mich auf dem Männlichkeits-Barometer bestimmt weit nach unten drücken würden. »Oh Shit, sorry. Alles in Ordnung?«, fragt sie und guckt mich besorgt an.

»Hä?«, stottere ich, während ich mir die Stirn reibe. Sehr gut. Bloß nicht zu eloquent wirken. Das mögen

Frauen ja überhaupt nicht, wenn man gerade Sätze selbstsicher hervorbringt. »Ach so. Nee, nee. Alles okay.«

»Sicher? Warte, da muss Eis drauf.« Sie lehnt sich zur Seite und nimmt ein leeres Gin-Tonic-Glas vom Tisch. Dabei rutscht ihr weißes Trägertop ein Stück nach oben und legt das Tattoo einer Hundepfote auf ihrem Hüftknochen frei. Normalerweise würden bei diesem verführerischen Anblick die Endorphine in meinem Körper die Partyhüte aufsetzen und den Harlem-Shake durch meinen Unterleib tanzen, wenn sie nicht gerade alle Hände voll zu tun hätten, die pochenden Schmerzen hinter meiner Stirn im Zaum zu halten.

Sie pickt einen Eiswürfel aus dem Glas und drückt ihn mir auf die Stirn. »Ich heiße übrigens Helena«, sagt sie, während das Wasser mir in die Augenbrauen läuft.

»Emil«, sage ich und reiche ihr die Hand.

»Geht's wieder mit dem Kopf?«

»Klar.«

»Sehr gut.« Helena schüttet die Überbleibsel des geschmolzenen Eiswürfels zurück ins Glas und trocknet sich mit einer Serviette vom Tisch die Hände ab. »Ich wollt' nämlich jetzt eigentlich gehen.«

Ich setze eine entrüstete Miene auf. »Und was wird aus mir?«

»Was meinst du?«

»Ich könnte eine Gehirnerschütterung haben. Ich brauche jemand, der auf mich aufpasst. Ich darf jetzt auf gar keinen Fall einschlafen.«

Helena schmunzelt. »Du hast ja deine beiden Freunde dabei.«

Ich mache eine verschwörerische Kopfbewegung in Richtung von Kamil und Fares und flüstere: »Die beiden sind stinklangweilig. Wenn du mich mit den beiden allein lässt, ist das mein Todesurteil.«

Helena mustert mich einen Augenblick, so als müsste sie erst abwägen, ob tatsächlich Lebensgefahr für mich bestünde. Dann sagt sie: »Du bist süß.«

Ich grinse frech. »Find ich auch.«

Dann steht Helena auf. »Na gut, gehen wir.«

Verarscht die mich jetzt? Oder ist es wirklich so einfach, eine Frau für eine Nacht zu finden? Irgendwie trau ich mich nicht, nachzufragen. Keine Unsicherheit zeigen, hat Fares gesagt. Also erhebe ich mich ebenfalls. Mal gucken, wann sie ihren Spaß auflöst. Aber Helena löst ihn nicht auf. Sie schlüpft in ihren schwarzen Cashmere-Mantel und verabschiedet sich von ihren Freundinnen. Kamil und Fares strecken mir anerkennend zum Abschied die Ghetto-Faust entgegen, auch wenn ich mir nicht ganz sicher bin, wer hier eigentlich gerade wen abschleppt. Wir verlassen Marokko und biegen an der nächsten Ecke nach rechts in eine Nebenstraße, wo der Twingo von Helena parkt.

Wir steigen ein, und Helena meint: »Sag Hallo zu Gary.« Etwas irritiert blicke ich nach hinten zur Rückbank, aber dort sitzt niemand, der so heißen könnte. Also frage ich nach: »Wer ist Gary?«

»Kennste nicht Gary aus *Spongebob*?«

Ich schüttle zaghaft den Kopf.

»Ist meine Lieblingssendung. Da gibt's so eine Schnecke, die Gary heißt. Drum hab ich meinen kleinen Liebling hier auch so getauft.«

»Ah«, sage ich, als ob das nun alles erklären würde, und füge dann noch hinzu: »Ja, also … äh … hallo Gary«, obwohl ich mir dabei ziemlich blöd vorkomme. Meiner Meinung nach sollte man nur mit einem Auto sprechen, wenn es einen Turbo-Boost-Knopf hat und auf den Namen KITT hört.

Die schöne Helena drückt zweimal kurz auf die Hupe. »Gary sagt auch Hallo.«

Wir biegen auf die Hauptverkehrsstraße, und mir kommt der Gedanke, dass es vielleicht besser gewesen wäre, wenn ich mich ans Steuer gesetzt hätte. Als wir an einer roten Ampel halten, bittet mich Helena, in das Handschuhfach zu greifen und ihr ein Ei zu geben. Ich bin mir nicht sicher, ob ich mich eventuell einfach bloß verhört habe, und frage daher lieber noch mal nach: »Entschuldige, was soll ich dir geben?«

»Na, ein Ei. Diese ovalen Dinger. Werden in der Regel von Hühnern ausgekackt. Macht man auch Rührei draus. Schon mal gehört?«

Verunsichert öffne ich das Handschuhfach, und tatsächlich liegt darin eine Plastikschale mit vier bunt bemalten Eiern. Ich nehme ein grünes heraus und reiche es meiner Fahrerin.

»Schälen musst du es natürlich auch noch. Kann ich beim Fahren ja schlecht machen.«

»Ähh … klar. Mein Fehler, 'tschuldige …« Ich suche nach einem Aschenbecher im Auto, finde aber keinen. »Die Schalen kannst du einfach wieder in die Packung tun.«

»In Ordnung«, sage ich und knibble das Ei frei. »Du versuchst aber nicht gerade, schwanger zu werden, oder? Ich hab da nämlich so 'ne Kollegin, die isst deshalb auch ständig Eier.«

»Nee, ich bewerbe mich für die nächste *Bachelor*-Staffel. Dafür mach ich grad so 'ne Eiweiß-Diät, damit ich 90-60-90-Maße kriege«, sagt sie und stopft sich das Ei in den Mund.

»Nimm dif auf ein Ei, wenn du maft.«

»Danke, ich bin noch satt von den Kartoffeln in der S-Bahn auf dem Hinweg.«

»Wie fu meinft.«

Zwei Eier später stoppt Gary vor einem Waschsalon. Zu meiner Freude stelle ich fest, dass die Gegend nicht weit von der Wohnung meiner Mutter entfernt ist. Helenas Wohnung befindet sich im zweiten Stock. Sie ist etwa fünfzig Quadratmeter groß und hat zwei Zimmer, aber keinen Flur. Wir stehen direkt im Wohnzimmer, das aussieht, als wurde hier ein Einhorn geschlachtet. Die weiß gestrichene Wand ist voll von rosa Sprenklern. An einem Nagel baumelt ein silberner Bilderrahmen mit einem Schwarz-Weiß-Foto darin von Mark Wahlberg in jungen Jahren, als Calvin-Klein-Model in Unterwäsche und mit Waschbrettbauch. Genau so habe ich mir den Einrichtungsstil einer Frau vorgestellt, die ihrem Auto einen Namen gibt. »Hübsche Wohnung«, sage ich, während sich Helena ächzend ihrer Stiefeletten entledigt. »Darf ich fragen, was du Miete zahlst?«

Die Wohnpreise in München haben mittlerweile ein dermaßen lächerlich hohes Niveau erreicht, dass es unter Münchnern zur Sitte geworden ist, sich beim Betreten einer Wohnung erst mal nach dem Mietpreis zu erkundigen. Dabei gilt es als Statussymbol, möglichst viel Geld für möglichst wenig Quadratmeter zu bezahlen.

»Nix«, sagt Helena und hängt ihren Mantel an einen Haken. Während sie ins Schlafzimmer verschwindet, setze ich mich aufs Sofa. Kurz darauf kommt Helena zurück ins Wohnzimmer und hält einen Joint in der Hand. »Kiffst du?«

»Ewig her. Als Teenager gelegentlich.«

»Nach dem Feiern genehmige ich mir manchmal einen Kleinen, um runterzukommen«, sagt sie und steckt die gezwirbelte Spitze des Joints mit einem Feuerzeug in Flammen.

»Was heißt das, du zahlst keine Miete?«, frage ich nach, während meine Gastgeberin die Flamme wieder auspustet und sich den Joint zwischen die roten Lippen steckt.

»Hat mein Dad mir zum Achtzehnten geschenkt«, sagt sie und saugt an ihrem Glimmstängel.

»Wie? Zum Geburtstag kriegst du nur so 'ne pieselige Zwei-Zimmer-Wohnung?«, scherze ich.

Helena bläst den Rauch aus ihrem Mund. »Wieso?«

»Ich mein ja nur. Ein Haus hätt's schon sein dürfen. Man wird schließlich nur einmal volljährig, oder?« Meine Mundwinkel stehen mittlerweile senkrecht. Aber sie checkt's immer noch nicht.

»Findste blöd?«

Ich könnte jetzt natürlich auflösen, dass ich bloß einen Scherz gemacht habe, aber es ist mir irgendwie auch peinlich, zuzugeben, dass ich witzig sein wollte und es nicht bin. Da zieh ich das lieber bis zum bitteren Ende durch. Wie damals, als ich an der Hochschule ein Semester »Agrar-Marketing und -Management« studiert habe, weil ich vor meiner Mutter nicht zugeben wollte, dass ich mich für den falschen Studiengang eingeschrieben habe. Da büffle ich lieber drei Wochen für die Prüfung im Fach »Anatomie des Nutztieres«.

»Geht schon. Besser als nichts«, spricht der Typ, der bei seiner Mami wohnt.

Helena scheint verunsichert. »Aber denk nicht, dass ich so ein Püppchen bin, das sich alles von Papi bezahlen lässt. Ich arbeite fei auch.«

»Was machst du denn?«, frage ich neugierig. Wobei mich das Wort »fei« schon mal den Beruf der Germanistik-Professorin ausschließen lässt.

»Ich bin Schauspielerin.«

»Könnte ich dich schon mal irgendwo gesehen haben?«

»Nicht hier im Fernsehen. Aber warst du schon mal in den USA?«

»Im Ernst? Du bist im US-Fernsehen?«

»Ich spiele in dem Sicherheitsvideo mit, das Condor auf seinen Flügen in die USA zeigt. Musst mal drauf achten. Ich bin die Paris-Hilton-Doppelgängerin, die ihren Hund unter den Vorderstuhl schiebt.« Dabei schiebt sie einen unsichtbaren Hundekorb unter das Sofa, auf dem wir sitzen. Als ich sie daraufhin immer noch nicht aufgeregt um ein gemeinsames Selfie bitte, ergänzt sie: »Ich trag im Film eine blonde Perücke.«

»Aaaaaah«, sage ich. »Doch, ich glaub, das Video hab ich schon mal gesehen. Und das bist du? Hammer!«

»Übertreiben musst du jetzt auch nicht.« Sie nimmt einen weiteren Zug von ihrem Joint und legt die Beine angewinkelt auf das Sofa. »Mir ist schon klar, dass das kein Tarantino-Blockbuster ist, sondern bloß ein banales On-Board-Filmchen.«

»Ich sage ja immer, je banaler unsere Welt ist, umso besser geht es ihr. Du bist sozusagen ein Symbol dafür, wie gut es uns geht.« Helena guckt mich einen Augenblick an. So wie ein Türsteher einen anguckt, bevor er entscheidet, ob er dich vorbeilässt oder wieder nach Hause schickt. Sie bläst eine dicke Marihuana-Wolke aus dem Mund und reicht mir den Joint weiter. »Warst du eigentlich schon mal high, wenn du Sex hattest?«

Ich verneine, und Helena sagt mit warmer Stimme: »Solltest du. Ist super.« Dann beugt sie sich zu mir rüber und gibt mir einen innigen Zungenkuss.

Als ich die Wohnung von Helena verlasse, ist es schon spät in der Nacht. Die Hauptstraße liegt nun bräsig unter den Straßenlaternen wie ein It-Girl unter der Solariumhaube, und obwohl wir März haben und das Wetter mild ist, fühlt es sich an, als ob die Luft mir ein Kissen ins Gesicht drückt. Wüsste ich es nicht besser, ich könnte meinen, ich wäre gerade in Dubai aus einem Flugzeug gestiegen. Aber ich bin ja … wo bin ich noch mal? Und wie bin ich überhaupt hierhergekommen? Alter, bin ich im Arsch. Wie viel haben wir eigentlich geraucht? Zwei Dübel, oder waren es doch drei? Keine Ahnung. Die vergangenen Stunden mit Helene waren schön. Es tat gut, mal wieder eine weibliche Hand auf meiner Haut zu spüren. Aber nun ist die Hand weg, und ich fühle mich einsamer als je zuvor. Wie ein Rockstar, der nach dem Bad in der Menschenmenge allein in seinem Hotelzimmer sitzt und in ein Loch fällt. Der Rockstar greift dann zur Whisky-Flasche. Ich greife zum Handy und schicke Ariane auf WhatsApp eine Sprachnachricht. Dabei rutscht mein Daumen ständig vom Mikrofon-Symbol ab, und die Nachricht wird abgeschickt, bevor ich fertig bin. Immer wieder muss ich neu ansetzen, bis im Chatverlauf schließlich neun Voice-Messages von mir untereinanderstehen.

1. Voice-Message: »Hey, Ariane, du«
2. Voice-Message: »Du schläfst bestimmt schon. Ich wollte«
3. Voice-Message: »Nur mal wieder deine Stimme hören.«
4. Voice-Message: »Du fehlst mir. Ich hatte gerade mit«
5. Voice-Message: »Mit einer Frau Sex, aber ich kann nur«
6. Voice-Message: »Nur an dich denken. Ich check nicht«
7. Voice-Message: »wieso du das kaputt gemacht hast.«

8. Voice-Message: »Na ja. Wollt ich nur sagen. Also: Gute«
9. Voice-Message: »Nacht.«

Kapitel 19

Am nächsten Morgen wache ich mit Staub im Hals auf. Ich trotte in Boxershorts in die Küche, um mir ein Glas Wasser zu holen, und treffe dort auf Dr. Rumms. Mein Psychotherapeut steht am Herd und kocht Kaffee mit einer kleinen Espressokanne. In meinem Bademantel!

»Guten Morgen, Emil. Ich mach grad Kaffee.« Er schwenkt die Kanne in der Hand. »Na ja, so was Ähnliches jedenfalls. Trinkst du auch eine Tasse?«

»Für mich ... nur Orangensaft«, stammle ich, von dieser ungewohnten Situation völlig überfordert, und setze mich an den gedeckten Frühstückstisch, wo neben einer Karaffe mit frisch gepresstem Saft auch ein Korb mit Croissants und Brezen steht, ein Teller mit Wurstaufschnitt und Käse, ein Schälchen mit Obazda und zwei Gläser mit Erdbeermarmelade und Orangenkonfitüre. Frühstückstische, die so opulent gedeckt sind, kannte ich bisher nur aus dem Fernsehen.

»Wo ist meine Mutter?«

»Die ist auf dem Balkon und sieht nach den Bienen.«

»Ich bin hier«, schallt es fröhlich von draußen.

Konrad schüttet den Kaffee aus der Kanne in eine Tasse und gießt Milch hinterher. »Ulla, nimmst du Zucker in deinen Kaffee?«

»Gerne.« Meine Mutter kommt zur Balkontür herein und stellt den Rauchbläser auf der Spüle ab, mit dem sie gerade noch die Bienen besänftigt hat.

»Ein oder zwei Löffel?«

»Sieben, bitte.«

Konrad schaufelt den Zucker in die Tasse meiner Mutter, bis der Kaffee fast überschwappt. Ich krieg schon vom Zugucken Diabetes. Dann reicht er ihr die Tasse und zwinkert mir zu. »Deine Frau Mama war schon immer eine Süße.«

Konrad ist ein bisschen schrullig, aber ansonsten scheint er ganz in Ordnung zu sein. Trotzdem bin ich froh, als er sich nach dem Frühstück verabschiedet und in seine Praxis fährt. Lili hat nämlich recht. Ich verbringe wirklich nicht sehr viel Quality Time mit meiner Mutter. Deshalb möchte ich heute einen Ausflug mit ihr unternehmen.

Während ich die schmutzigen Teller in die Waschmaschine räume und meine Mutter die Essensreste in den Kühlschrank packt, frage ich sie: »Was hast du heute eigentlich so vor?«

»Nichts, wieso?«, sagt meine Mutter und spannt eine Frischhaltefolie über den Teller mit dem Wurstaufschnitt.

»Also, wenn du Lust hast, würde ich dich heute gerne in ein Spa einladen. Sozusagen als Dankeschön, dass ich hier wohnen darf.«

»Oh«, stößt meine Mutter entzückt aus. »Ja, sehr gerne. Da freu ich mich aber.«

Eine gute Stunde später sitzen meine Mutter und ich im Wartezimmer des Spas und trinken Gurkenwasser unter dem orangen Schein einer Stimmungslampe. Aus einem Lautsprecher dringen esoterische Klänge. Wer macht eigentlich solche Musik? Ich stell mir immer vor, wie drei Jugendliche in zerrissenen Jeans und Lederjacken mit ihren Gitarren in einer Garage stehen und über ihre Band sprechen.

Sänger: »Was wollen wir spielen? Rock? Pop? Heavy Metal?«

Gitarrist: »Wie wäre es mit tantrischen Melodien für Fahrstühle und Massage-Salons?«

Bassist: »Ou yeah, Alter. Fette Idee.«

Zwei Damen in weißen Kitteln kommen herein. Eine ist jung und zierlich und hat blonde Haare, die sie zu einem Zopf zusammengeflochten hat. Die andere ist kräftig gebaut und hat lange schwarze Haare auf ihren Unterarmen. Die beiden sehen aus wie die jüngeren Schwestern von Bud Spencer und Terence Hill, die mit ihren vier Fäusten in diesem Wellness-Tempel für ein Halleluja bei den Gästen sorgen.

In einem Spa sprechen ja alle Angestellten in der gleichen Tonlage. Dieses leise Säuseln, das auf den Gast beruhigend einwirken soll und genauso klingt wie die Stimme der Knusperhexe, die Hänsel und Gretel ins Lebkuchenhaus lockt. Mit sanfter Märchenhexenstimme wenden sich die beiden Masseusen an uns.

Mrs Terence Hill: »Frau Hase? Folgen Sie mir bitte.«

Mrs Bud Spencer: »Und Sie kommen bitte mit mir, Herr Hase.«

War ja klar.

Die Frau mit dem Flokati auf den Armen führt mich in ein geräumiges Zimmer mit beigen Wänden und Duftkerzen auf einer weiße Holzkommode. Im Zentrum des Zimmers stehen eine kupferne Badewanne und eine gepolsterte Liege. Ich bekomme einen Einweg-Stringtanga überreicht. »Ziehen Sie sich in Ruhe um. Ich komme gleich wieder«, flüstert die Hexe und verlässt den Raum. Angewidert halte ich den umweltfeindlichen Pornostreifen mit Daumen und Zeigefinger vor mein Gesicht. Sieht ein bisschen aus wie die Haut, die man von den Bifi-Würsten abziehen muss. Greta würde das Höschen jedenfalls nicht anziehen, denke ich mir und schlüpfe in das Pimmel-Zellophan. Ich lege mich damit auf die Schlachtbank und warte darauf, dass meine Masseuse zurückkommt. Was sie wohl in der Zwischenzeit treibt? So lange braucht man ja nicht, um sich auszuziehen. Jedenfalls nicht lange genug, um ein bisschen Verwaltungskram zu erledigen oder einen anderen Kunden zu bedienen. Also was treibt sie gerade?

Lauscht sie an der Tür?

Raucht sie eine Zigarette?

Füllt sie das Gurkenwasser auf?

Die Antwort erhalte ich zwei Minuten später, als die Dame wieder hereinkommt: Sie hat ein frisches Handtuch geholt, mit dem sie nun meinen bleichen Hintern abdeckt wie eine Leiche am Tatort, bevor sie anfängt, meinen Rücken durchzukneten. Na dann, viel Erfolg. Meine Muskeln sind nicht verkrampft, sondern versteinert. Massagen sind für makellose Menschen, die stolz ihren Körper zur Schau stellen. Ich dagegen habe Haare am Arsch und Akne-Narben auf der Schulter. Die Dame kann sich sicher Schöneres vorstellen, als diese anzufassen, und ich muss das Bedürfnis runterschlucken, mich dafür bei ihr zu entschuldigen.

Hinzu kommt, dass offensichtlich hauptsächlich Zwerge mit Verspannungen zu kämpfen haben. Jedenfalls ist die Liege viel zu klein. Meine Nase liegt nicht wie vorgesehen in dem Loch am Kopfende, sondern lediglich mein Mund. Meine Nase drückt gegen das Poster darüber. Ich muss meinen Kopf zur Seite drehen, wenn ich nicht irgendwann bewusstlos von der Liege rollen möchte. Wenn ich nun meine Augen schließe, sieht die Dame über mir das. Das geht natürlich gar nicht. Ich teste zwar Gesichtsmasken für eine Frauenzeitschrift – aber selbst ich weiß, dass es unmännlich ist, genießerisch die Augen zu schließen. James Bond macht ja auch nicht die Augen zu, wenn er an seinem Martini nippt, und sagt dann: »Hmhm, yummy.«

Also liege ich mit weitaufgerissenen Augen auf der Massagebank und starre auf den PVC-Boden, während die Spa-Hexe ihre Fingerknöchel in mein Rückgrat pult.

Mir war noch nie so langweilig, und die dreißig Minuten fühlen sich an wie eine Stunde, bis ich es endlich hinter mir habe und die Masseuse mich darum bittet, langsam aufzustehen. Ich richte meinen Oberkörper auf und setze mich auf den Rand der Liege. Die Dame nimmt meine Handgelenke und führt mich zu der kupfernen Badewanne wie einen alten Greis. Vermutlich aus Angst, ich könnte nach so langer Zeit im Liegen durch einen Schwindelanfall umfallen und den Laden auf eine Million Euro Schadensersatz verklagen, sodass sie noch bis an ihr Lebensende Algenpackungen schmieren muss.

Sie lässt Wasser einlaufen und drückt auf irgendwelche Knöpfe am Armaturenbrett daneben, woraufhin das Bad zu sprudeln beginnt. Dann verlässt meine Wohlfühlbeauftragte erneut den Raum und lässt mich allein zurück. Ich entledige mich meines Plastiktangas und steige in die blubbernde Erholungsquelle. Die kleinen Sprudelbläschen kitzeln an meinen Oberschenkeln, und der süße Duft von Melisse steigt mir in die Nase. Da muss ich meiner Mutter ja leider recht geben, das ist schon angenehmer als eine Dusche. Entspannt lehne ich mich nach hinten, und endlich kann ich auch die Augen schließen. Ich genieße die Wirkung des blubbernden Wassers und muss dabei an die vergangene Nacht mit Helena denken. Wie ihre Finger meinen Körper erforscht haben, ihre Lippen mich dort geküsst haben, wo nun die Badedüsen mich liebkosen.

Ich fahre mit der Hand die Stellen an meinen Körper nach und versuche mich an ihre Brüste zu erinnern. Ich male mir aus, wie sie über meinem Gesicht hüpfen. Wie kleine Engel auf einer Wolke, auf und ab und ab und auf und …

»Herr Hase?«

Die Stimme der Spa-Hexe schleift mich aus meiner Pornowelt heraus. Jetzt klingt sie nicht mehr so warm. Ich bin sofort wieder hellwach und sitze aufrecht in der Badewanne. Meine Masseuse steht davor und breitet ein Handtuch aus. Sie sagt zwar nichts, aber so, wie sie guckt, besteht kein Zweifel, dass sie Zeuge meines Handspiels war. Peinlich berührt steige ich aus dem Becken und wickle mich in das mir angebotene Handtuch. Draußen im Aufenthaltsraum sitzt bereits meine Mutter in einen Bademantel gehüllt und trinkt ein Glas Gurkenwasser. Dabei lehnt sie sich nach hinten und schließt die Augen, als handle es sich um den feinsten Champagner. »Hach, war das schön«, seufzt sie.

Ich hingegen sitze mit wippendem Fuß neben ihr und will nach dem peinlichen Vorfall so schnell wie möglich von hier weg. »Du, würde es dir was ausmachen, wenn wir jetzt nach Hause fahren?«

Meine Mutter schlägt die Augen auf. »Oh, jetzt schon? Ich entspann mich grad so schön. Können wir nicht noch ein bisschen hier sitzen bleiben?«

»Dortmund spielt gleich. Das hätte ich gerne im Fernsehen gesehen«, beharre ich. Das ist zwar eine Lüge, aber ich führe lieber ein Gespräch mit Gott über das neunte Gebot, wenn er mich irgendwann zu sich holt, als jetzt mit meiner Mutter über Masturbation in der Öffentlichkeit.

Als wir an der Tramhaltestelle stehen und auf die Bahn warten, knistert eine Durchsage durch die Lautsprecher des Wartehäuschens.

»Aufgrund eines Personenschadens kommt es zu Verspätungen im Betrieb. Vielen Dank für Ihr Verständnis.«

Ich kicke genervt gegen einen Zigarettenstummel vor mir auf dem Boden. Der ist aber schon so festgetreten, dass er sich keinen Millimeter bewegt. Heute klappt wirklich gar nichts. »Verständnis am Arsch«, knurre ich.

Meine Mutter zeigt auf eine kleine Bar auf der gegenüberliegenden Straßenseite. Über dem Eingang steht in blinkender Neon-Schrift: »Pipo's«.

»Lass uns doch da so lange was trinken. Da können wir wenigstens sitzen, bis die Bahn kommt.«

Dagegen lässt sich nichts einwenden. Ich schiebe den Perlenvorhang am Eingang für meine Mutter beiseite und stehe in einem nur spärlich erleuchteten Raum mit einem Bartresen auf der rechten Seite und zwei Tischen auf der linken Seite, an denen jeweils eine halbkreisförmige Sitzbank mit rotem Samtbezug steht. Wir setzen uns auf zwei Barhocker und bestellen eine Cola und eine Maracuja-Schorle.

»No Maracuja-Schorle«, sagt ein Kraftklotz mit tätowierten Unterarmen, der locker auch als Darsteller in der Serie *Sons of Anarchy* mitspielen könnte.

»Dann nehme ich einfach nur ein Wasser«, sagt meine Mutter.

Während meine Mutter an ihrem Wasser nippt, setzt sich plötzlich eine sehr dicke Frau neben mich, in einem weißen Negligé, aus dem ihr monströser Busen jeden Augenblick herauszufallen droht wie ein Klavier aus einem Fenster im dritten Stock. »Hello. I am Tina from Jamaica. What is your name, honey?«

»E… Em… Emil«, stottere ich und drehe mich zu meiner Mutter um, in der Hoffnung, dass Tina from Jamaica irgendwann wieder verschwindet, wenn ich sie ignoriere. Aber die denkt gar nicht daran. Ich kann ihren Blick an meinem Hinterkopf spüren, während ich meiner Mutter dabei zugucke, wie sie an die Decke im Eck deutet. Auf dem Fernseher läuft gerade *Champ am Herd*.

»Das ist meine Lieblingssendung«, erklärt sie unserem bulligen Gastwirt mit der charismatischen Ausstrahlung eines osteuropäischen Kriegsverbrechers – und fügt mit einem Augenzwinkern hinzu: »Dafür verzeihe ich Ihnen glatt, dass Sie keine Maracuja-Schorle haben.« Der Mann wirkt allerdings nicht so, als ob ihm eine negative Yelp-Rezension übermäßige Magenschmerzen bereiten würde. »Sorry. My Deutsch nicht good«, antwortet er monoton. Dafür spricht meine Mutter so gut wie kein Englisch. Sie wiederholt daher den gleichen Satz noch einmal, bloß lauter. Als bräuchte es nur genug Dezibel, um jede Sprachbarriere zu durchbrechen. Dabei fuchtelt sie wild in Richtung des Übertragungsgeräts. »Das da. Meine Lieblingsserie. «

Weil ich Angst habe, der Mann, den ich für einen Zuhälter halte, könnte denken, meine Mutter brülle ihn an, und würde deshalb wütend werden – und weil Tina from Jamaica angefangen hat, ihre Hand über meinen Rücken zu streichen –, packe ich meine Mutter am Oberarm. »Wir gehen jetzt.«

»Ich unterhalte mich doch grade«, widerspricht sie.

»Egal.«

»Wieso bist du denn so unhöflich?«

»Mama, das hier ist ein Bordell«, zische ich ihr zu.

Meine Mutter kräuselt die Stirn. »So ein Unsinn. Die sind in der Innenstadt doch gar nicht erlaubt.«

»Erklär das doch mal der Dame neben mir.«

Meine Mutter wirft einen Blick über meine Schulter auf Tina from Jamaica. Dann nimmt sie noch einen letzten Schluck von ihrem Wasser und hopst vom Hocker. »Dann los.«

Mit der eigenen Mutter in den Puff gehen: Check!

»Und jetzt?«, fragt meine Mutter, als wir wieder an der Tram-Haltestelle stehen und die digitale Anzeige noch immer keine Auskunft darüber gibt, wann die nächste Bahn kommt.

»Wir könnten laufen«, schlage ich vor.

»Och ne, Spatz. Da brauchen wir doch zwei Stunden bis nach Hause.«

»Na ja, eher eine Stunde«, erwidere ich, sehe aber ein, dass auch das für eine ältere Dame wie meine Mutter eine Zumutung wäre. Zum Glück gibt es in Deutschland ja alles im Überfluss.

Im Regal unserer Rewe-Filiale stehen hundert verschiedene Joghurt-Sorten, vom Türkischen Joghurt über den Isländischen Skyr bis zum Griechischen Joghurt, und im Fernsehen läuft jeden Tag ein anderer *Tatort*-Ableger. Der Münster-*Tatort* reicht halt nicht. Es braucht auch noch einen in Weimar, in Dresden, im Schwarzwald, in Bremen, Hamburg und in Kiel. Die letzten drei Städte liegen so nah beieinander, dass ich mich frage, wann wohl die ersten Stadtbezirke ihren eigenen *Tatort* bekommen. Es ist also auch kein Wunder, dass die Bürgersteige in München überflutet wurden mit E-Rollern, kaum dass diese die

Zulassung bekommen hatten. Und nun stehen an jeder Ecke zehn von den Tretern. Meine Mutter deutet auf zwei Roller, die an einem Zeitungsständer lehnen. »Komm, die nehmen wir. Das wollte ich schon immer mal ausprobieren.«

»Bist du sicher?«, frage ich unsicher. Aber da steht meine Mutter schon auf dem Trittbrett und studiert das Lenkrad, als handle es sich um unsere Fernsehbedienung. »Wie startet man die Dinger denn?«

»Da braucht man eine App«, erkläre ich. »Warte, ich lad sie schnell runter.« Zwei Minuten später rollen wir los.

Und drei Minuten später stehen wir auch schon wieder. Das heißt: Eigentlich stehe nur ich. Meine Mutter liegt auf dem Radweg. Ein Taxi ist vor uns an der Kreuzung abgebogen und hat dabei meine heranrollende Mutter übersehen, die vor Schreck den Lenker herumriss und dabei mit einem Schrei zu Boden gestürzt ist. Ein dicker Herr mit grauem Schnurbart, den er an den Enden kunstvoll nach oben gezwirbelt hat, reißt die Fahrertür des Taxis auf. »Herrschoftsseitn. Hom Sie si wos geto?«, ruft er im tiefsten Bairisch, während er mit seinem dicken Bauch um das Auto herumkreist wie die Erde um die Sonne. »I hob Sie gar ned gseng.«

Meine Mutter sitzt immer noch auf dem Boden und weiß gar nicht, wie ihr geschieht. »Bitte?«

Gemeinsam stellen wir meine Mutter wieder auf die Beine, wobei sie sich jaulend an den linken Fuß fasst.

»Autsch! Ich glaub, ich hab mir was gebrochen«, winselt sie.

»Des hod ma grod no gfehlt.« Der Taxifahrer streicht sich über den Bart. »Kemans'. I bring Ihna zum Dok«, grantelt er und greift meiner Mutter unter die Achseln, um sie in sein Taxi zu bugsieren.

»A Katastrophe is des mid desn E-Roiern. Übaoi wuseln de 'etz. I hob oiwei gewusst, des is grod a Froge da Zeid, bis moi wos passiad«, schimpft unser bayerischer Fahrer auf der Fahrt ins Krankenhaus.

Ich verstehe kein Wort, daher stimme ich einfach zu. »Hmhm.«

»Wo keman Sie ha?«

»Wie bitte?«

»Wo Sie herkommen?«, wiederholt der Taxifahrer seine Frage nun besonders akkurat ausgesprochen, um sich über mich lustig zu machen.

»Aus München.«

»Na, Sie san koa Minchna ned.«

»Doch.«

»Sie sprichn jo gar koa Boarisch.«

»Meine Eltern stammen nicht aus München.«

»San Sie de Frau Mama?« Der Taxifahrer wendet sich nun an meine Mutter.

»Jawohl.«

»Und wo keman Sie ha?«

»Aus Dortmund.«

»A Breiß. Sauba«, sagt der Taxifahrer mit einem Zungenschnalzen und nimmt uns im Rückspiegel ins Visier, als ob man Preußen lieber nicht aus den Augen lässt. »Dann san Sie aba koa Minchna.«

»Ich schon, ich bin ja hier geboren«, beharre ich.

»A waschechta Minchna mua mindestens in da driddn Generation do leben«, belehrt uns der Bajuware und hält an. Aber nicht, weil wir keine echten Bayern sind, sondern weil wir vor dem Haupteingang des Krankenhauses angekommen sind.

»Und entschuidign Sie fei bittschön noch moi. I hob Sie wirklich ned gseng«, sagt der Taxifahrer zum Abschied.

»Ja, ja, schon gut«, sage ich und lege den Arm meiner Mutter um meinen Hals. Gemeinsam humpeln wir durch das Innere des Gebäudes über lange Flure zur Ambulanzstation. Wir haben bestimmt schon einen halben Kilometer zurückgelegt, aber die Notaufnahme muss man ja meistens auch nicht so zügig erreichen. Die kann ruhig ein bisschen abgelegener liegen. Hauptsache, man ist rasch auf der Hals-Nasen-Ohren-Station, die liegt nämlich direkt am Eingang. Ein Krankenpfleger düst auf einem Tretroller an uns vorbei. »Ach, guck mal. Gar nicht blöd«, stellt meine Mutter fest. »Den könnten wir jetzt auch gut gebrauchen.«

»Die Ironie an dem Satz ist dir jetzt aber schon bewusst, oder?«

»Was meinst du?«

»Egal«, sage ich und halte ihr die Tür zur Ambulanz auf, wo eine schlecht gelaunte Sprechstundenhilfe die Daten meiner Mutter aufnimmt. Glücklicherweise ist das Wartezimmer nicht besonders voll. Außer uns wartet lediglich ein Teenager mit blonder Elvis-Presley-Tolle auf seine Visitation. Die scheint allerdings auch schon sein schlimmster Unfall zu sein, denn fünf Minuten nachdem er im Untersuchungszimmer verschwunden ist, kommt er schon wieder heraus. Immer noch mit dieser beknackten Frisur auf dem Kopf und mit einem Attest in der Hand. Als Nächstes werden wir in das Zimmer gerufen.

Der Arzt, ein älterer Herr mit schwarzem Schnauzbart und langen Nasenhaaren, die sich scheinbar mit dem Bart verflochten haben und ihm das Aussehen einer Seekuh verleihen, sitzt auf einem weißen Drehhocker und bittet meine Mutter, auf der Liege Platz zu nehmen.

»So, dann erzählen Sie mir mal, was passiert ist!?«

»Jetzt geht's los«, denke ich und setze mich neben meine Mutter. Denn wenn die erst mal anfängt zu erzählen, hört sie so schnell nicht mehr auf. Meine Mutter hat die Angewohnheit, selbst banale Vorgänge mit unwichtigen Details aufzublähen. Sie holt also einmal tief Luft. »Wir waren mit diesen Rollern unterwegs. Diese elektrischen, die jetzt an jeder Straßenecke stehen. Hab ich ja noch nie gemacht, so was. Die Bärbel, meine Freundin, schon. Aber die arbeitet ja auch noch. Da ist das natürlich schon praktisch, um morgens ins Büro zu kommen. Vor allem, wenn die Tram mal wieder streikt. So wie heute. Und da ...«

Der Gott in Weiß sitzt stumm auf seinem Hocker und kneift zweimal angestrengt die Augen zusammen. »Meine Mutter ist mit dem Roller gestürzt und hat sich den linken Fuß verletzt«, kürze ich die Geschichte schließlich ab und ernte dafür von ihm einen dankbaren Blick. »Verstehe. Dann wollen wir uns das mal ansehen«, sagt er und rollt mit seinem Stuhl an meine Mutter heran. »Ziehen Sie bitte den Schuh und den Socken aus?«

Meine Mutter gehorcht brav, und der Arzt beugt sich nach vorn, um den Knöchel meiner Mutter zu befühlen, die daraufhin mit zusammengebissenen Zähnen zusammenzuckt. Der Arzt lehnt sich wieder zurück und legt die Hände in den Schoß. »Das Außenband am Sprunggelenk ist gedehnt.«

»Oh«, sagt meine Mutter.

»Den Fuß sollten Sie eine Weile ruhig stellen. Ich leg Ihnen ein Tape an und schreibe Ihnen eine Salbe auf.«

Zum Schluss stellt der Arzt meiner Mutter noch zwei Krücken zur Verfügung, die er in einem Schrank gefunden hat, damit sie besser gehen kann. Für den Heimweg rufen wir aber trotzdem besser ein Taxi.

Zu Hause kümmere ich mich heute mal um das Abendessen, damit meine Mutter sich ausruhen kann. Es gibt Nudeln. Was anderes haben wir nämlich nicht da, wie ich feststellen muss, nachdem ich alle Küchenschränke aufgerissen habe. Ich studiere gerade die Kochzeit auf der Rückseite der Barilla-Packung, da ruft meine Mutter aus dem Wohnzimmer: »Komm doch bitte mal.«

Sie hat den Verband aufgewickelt und streckt mir ihr Bein entgegen. »Mach bitte ein Foto.« Der Fuß ist bleich und schrumpelig und hat überall blaue und rote und grüne Flecken, wie ein Gemälde von Jackson Pollock. Der Knöchel ist dick geschwollen. Das Letzte, was ich bei diesem Anblick dachte, war: Das muss ich unbedingt festhalten. Weshalb ich angewidert das Gesicht verziehe und frage: »Wieso?«

»Für die Versicherung.«

»Na gut, wo ist denn dein Handy?«

»Nimm doch deins. Deine Kamera ist besser.«

Ich nehme also mein Handy und richte die Kamera auf den verletzten Fuß meiner Mutter. Ich bin ja auch selbst schuld. Ich wollte meiner Mutter näherkommen. Das bin ich nun.

»Aber achte drauf, dass der Fuß auch scharf ist.«

»Ja, Mama.«

»Und ist der Blitz eingeschaltet?«

»Ja, Mama.«

»Mach auch eins im Porträtmodus. Sieht besser aus.«

»Ja, Mama.«

Im Jahr 2014 hat ein Netzpirat erotische Fotos aus der Cloud von Prominenten wie Taylor Swift gestohlen und sie damit erpresst. Meine Cloud ist jetzt jedenfalls sicher. Der arme Hacker erschrickt sich zu Tode, wenn er dieses Foto sieht.

Kapitel 20

»Ach, Mist.«

Meine Mutter ballt wütend das kleine Rheuma-Fäustchen. Sie liegt in ihrer rosa Schlafanzughose auf dem Sofa. Das Bein ist ausgestreckt, und der verletzte Fuß ist weich gebettet auf zwei Kissen. Den Oberkörper hat sie zu einem Backgammon-Brett gedreht, das zwischen uns auf dem Couchtisch steht, und ärgert sich über ihren Wurf. Mit einer 4 und einer 5 darf ihr geschmissener Stein nämlich nicht zurück ins Spielfeld. Meine Mutter ist der Giovanni Trapattoni des Backgammons. Immer hoch emotional am Spielfeldrand – und es stinkt ihr gewaltig, schon wieder gegen mich zu verlieren. Wenn ein Journalist ihr nun ein Mikrofon vor die Nase hielte, dann würde sie bestimmt rufen: »Weiße Stein! Weiße Stein! Hat seit drei Runden nicht gespielt. Ist immer geschmissen! Was erlauben weiße Stein?«

Neben ihr piepst ihr Handy. Meine Mutter wirft einen Blick drauf und legt es anschließend wieder zur Seite.

»Du hast übrigens mein Foto auf Instagram noch gar nicht gelikt«, sagt sie.

»Welches?«, hake ich nach und werfe die Würfel auf das mit Filz ausgelegte Spielbrett. Eine 2 und eine 3.

»Das von meinem verletzten Fuß.«

»Ich hab das Foto doch selbst geschossen! Und das hat mir ja schon nicht gefallen«, sage ich und ziehe mit einem roten Stein fünf Felder nach vorn.

»Von Ariane hab ich jedenfalls gerade ein Like bekommen.«

Ich blicke von meinen Spielsteinen auf. »Du bist mit Ariane auf Instagram befreundet?«

»Sicher«, sagt meine Mutter so selbstverständlich, als hätte ich wissen wollen, ob es morgen zum Abendessen Nudeln gibt. Dabei hat Ariane mich auf allen Kanälen blockiert. Was ich ihr nach dem nächtlichen Voice-Message-Bombardement neulich allerdings auch nicht übel nehme. »Darf ich mal sehen?«

Meine Mutter reicht mir das Handy. »Aber schließ mir nicht mein Solitärspiel.«

»Ja, ja«, murmle ich und öffne Arianes Profil. Sie hat keine neuen Fotos hochgeladen, aber dafür blinkt eine neue Story. Es ist ein kurzes Boomerang-Video von Ariane, die grinsend mit zwei Fußballkarten in der Hand in die Kamera winkt. Offenbar geht sie heute Abend mit ihrer Fitnessgurke auf das Champions-League-Spiel Bayern gegen Liverpool. Aha. Jetzt auf einmal ist sie also Fußballfan. Solange wir noch zusammen waren, hat sie sich nie etwas daraus gemacht und immer gemosert, wenn ich die *Sportschau* gucken wollte.

Ich reiche meiner Mutter das Handy zurück. Die kontrolliert erst mal, ob ihre Solitärpartie noch offen ist. So lange schicke ich eine WhatsApp-Nachricht an Lili. »Gehst du mit mir gleich aufs Fußballspiel?«

Ihre Antwort kommt postwendend. »Fußball? Och neeee …«

»Please! Ich zahl auch.«

Daraufhin kommt von Lili erst mal nichts mehr. Meine Mutter und ich spielen weiter unser Backgammon-Match, und zwischendurch gucke ich immer wieder auf mein Handy. Erst als ich das Spiel gewonnen habe und wir die Steine einräumen, taucht endlich Lilis Namen auf meinem Display auf. »Meinetwegen.«

Ich treffe Lili am Ausgang der U-Bahn-Station, von wo ein Fußweg zum Stadion führt. Als wir an der Allianz Arena ankommen, haben wir die erste Halbzeit bereits verpasst. Trotzdem stehen immer noch ein paar Kartenbesitzer vor dem Eingang und bieten ihre Tickets nun zu Niedrigpreisen an. Auf Arianes Instagram-Story konnte ich sehen, dass sie auf der Haupttribüne sitzt. Ich wende mich also an den ersten Schwarzhändler: »Haben Sie zwei Karten auf der Haupttribüne?«

»Sorry, bloß Gegengerade.«

Ich frage den zweiten Schwarzhändler: »Haupttribüne?«

»Fanblock kann ich euch anbieten.«

Der dritte Schwarzhändler hat schließlich das gute Zeug. Ich drücke ihm fünfzig Euro in die Hand und passiere mit Lili die Sicherheitskontrolle.

Wir sitzen auf Höhe der Mittellinie relativ weit oben. Eigentlich Spitzenplätze, aber das Spiel interessiert mich nicht. Während Lili auf ihrem Sitz das Geschehen auf dem Feld verfolgt, bleibe ich stehen wie ein stalkendes Erdmännchen und fahre mit den Augen eine Zuschauerreihe nach der anderen ab. Irgendwo hier sitzt Ariane.

»Wie steht's denn?«, fragt Lili, die sich bereits zu langweilen beginnt. Ich blicke auf die Anzeigentafel.

»1:1. Das reicht uns zum Weiterkommen.«

»Uns?«, fragt Lili belustigt. »Spielen wir etwa mit?«

»Logo, wir sind der zwölfte Mann.«

»Aha. Und wer sind wir?«

»Liverpool natürlich.«

Ein bulliger Mann in einem FC-Bayern-Trikot, der in der Reihe vor uns sitzt, dreht sich zu mir um. Er hat ein aufgedunsenes Gesicht, als ob er zu lange damit in der Badewanne gelegen hätte. An jedem Ohrläppchen baumelt ein goldener Ring. So groß, dass er um meinen Daumen passen würde. Die Haare auf seinem Kopf hat er an den Seiten abrasiert, lediglich oben liegt noch ein kurzer Teppich. Der Mann scannt mich einmal von oben nach unten und dreht sich dann wieder nach vorn. Erst jetzt fällt mir auf, dass er auf seinem Metzgernacken eine Tätowierung des Reichsadlers trägt. Dieser Idiot kann mit einem Nazi-Tattoo unbehelligt in einem vollen Fußballstadion sitzen. Aber als mein Reißverschluss neulich offen stand, da hat mich natürlich im Supermarkt sofort eine ältere Dame tadelnd darauf hingewiesen. Gott, wie ich Bayern-Fans hasse. Ich schüttle den Ärger ab und widme mich wieder meiner Aufgabe. Ich drehe mich nach hinten, um auch die oberen Reihen abzusuchen, aber Ariane kann ich nicht entdecken.

»Wonach suchst du eigentlich?«, fragt Lili.

»Ariane und ihr Macker müssen hier auch irgendwo sitzen.«

»Woher weißt du das?«

»Hab ich auf ihrer Instagram-Story gesehen.«

»Aha. Und was bitte schön hast du vor, wenn du ihr über den Weg läufst?«

»Keine Ahnung. Hallo sagen!?«

Lili nickt anerkennend. »Spitzenplan. Die wäre ja blöd, wenn sie daraufhin nicht sofort in deine Arme fällt.«

»Ach Mann, ich weiß ja auch nicht. So weit hab ich nicht gedacht«, sage ich resigniert und sinke auf meine Sitzschale neben Lili.

Auf dem Spielfeld zu unseren Füßen grätscht der Verteidiger Joel Matip dem Bayern-Stürmer Robert Lewandowski von hinten in die Beine. Der fette Nazi und eine Frau neben ihm schnellen von ihren Sitzen hoch, als lägen Reißzwecken darauf, und strecken dem Spielfeld drohend ihre Mittelfinger entgegen.

»Rooot. Das ist Roooot!«

»Schiri, du Hurensohn!«

Der Schiedsrichter schnappt sich den Verteidiger und zeigt ihm die Gelbe Karte. Daraufhin gibt sich das rechtsradikale Pärchen vor mir einen Kuss und setzt sich wieder auf ihre Plätze. Na toll. Selbst so ein Nazi führt also eine glückliche Beziehung. Das muss man sich mal vorstellen: Ich schreibe für eine Frauenzeitschrift und werde dafür von meiner Freundin verlassen, während der Kerl in seiner Freizeit Asylantenheime anzündet und dafür zu Hause auch noch einen Kuss von seiner Freundin bekommt. Weil Feuermachen ja so männlich ist. Man müsste doch meinen, wer mit Baseballschlägern Flüchtlingen hinterherrennt, hat es auf dem Dating-Markt nicht leicht. Wie viel Humor kann dieser Affe vor mir bitte schön besitzen, um das auszugleichen? Die Antwort bekomme ich in der 69. Spielminute, als der Liverpooler Abwehrspieler Virgil van Dijk nach einer Ecke zum Kopfball hochsteigt und das Führungstor einnickt.

Ich klatsche begeistert in die Hände. »Super!«, rufe ich.

Daraufhin dreht sich der bullige Hobby-Adolf erneut zu mir um und kneift die Augen zusammen: »Bist du Engländer, oder was?«

»Ne, Deutscher. Aber gegen die Bayern würde ich selbst die Firmenauswahl der GEZ anfeuern.«

»Schon mal was von Liebe zum Vaterland gehört?«

»Komm, lass gut sein«, sagt Lili und zerrt an meinem Ärmel, damit ich mich wieder auf meinen Platz setze. Aber so weit kommt es noch, dass ich mir von so einem braunen Horst den Mund verbieten lasse. Sechs Minuten vor dem Abpfiff schießt der senegalesische Stürmer Sadio Mané für Liverpool dann das 3:1, und ich springe vor Freude von meinem Sitz und schreie dem braunen Hinterkopf vor mir zu: »BLACK POWER!« Daraufhin dreht dieser sich um, und im nächsten Moment kracht auch schon seine Faust gegen meine Wange. So fest, dass mir schwarz vor Augen wird und ich rücklings wieder auf meine Sitzschale plumpse. »Spinnst du?«, kreischt Lili den Angreifer an, während die kleinen Männchen in meinem Kopf noch damit beschäftigt sind, wieder alles an den richtigen Ort zu rücken. Allerdings war der Schlag so heftig, dass ich befürchte, es bedarf dafür schon der Hilfe der japanischen Aufräum-Expertin Marie Kondo.

»Dein Freund soll die Fresse halten, sonst kracht's gleich richtig.«

»Hallo? Kann mal jemand einen Ordner rufen?«, höre ich Lilis Stimme. Dann taucht ihr besorgtes Gesicht direkt vor meiner Nase auf. Sie kniet vor mir auf dem Boden und nimmt meinen Kopf in ihre Hände. »Zeig mal her, Emil.«

»Es geht schon«, maule ich und ziehe meinen Kopf weg.

»Hä? Was machst du mich denn jetzt so blöd an? Ich will dir doch bloß helfen.« Lili versucht mein Gesicht zu sich zu ziehen. Da platzt mir endgültig der Kragen. »Mann, ich hab doch gesagt, du sollst mich in Ruhe lassen«, fauche ich sie an und schlage ihre Hand weg. »Wieso denkt jeder, er müsse sich um mich kümmern? Ich bin ein erwachsener Mann, verdammt. Ich muss nicht ständig bemuttert werden.«

Adolf und Eva Braun tauschen einen hämischen Blick aus. Aber das ist mir egal. Mir ist alles egal. Die Bayern,

Ariane und ihre Fitnessgurke, mein pochender Wangenknochen, Lili, sollen sie doch alle machen, was sie wollen. Ich stehe auf, stapfe die Stufen der Haupttribüne hinunter und stapfe noch weiter. Stapfe so weit, bis ich an der U-Bahn-Station stehe und die Allianz Arena nur noch am Horizont rot leuchtet.

Kapitel 21

Am nächsten Morgen klopft es gegen die Tür meines Schlafkämmerchens. »Schläfst du noch?«

»Ja«, stöhne ich und stülpe mir die Bettdecke über den Kopf.

Ich will meine Ruhe. Wieso kann ich jetzt nicht einfach einen Herzinfarkt bekommen und sterben? Das hab ich nun von dem ganzen Sport. Wahrscheinlich lebe ich ewig. Verdammte Scheiße.

»Ich brauch deine schmutzige Wäsche.«

»Dafür weckst du mich extra?«

»Was sagst du?«

Genervt werfe ich die Bettdecke zurück. »Ich hab gefragt, warum du mich deshalb extra wecken musst!«

»Weil ich bis um zwölf Uhr deine Sachen brauche. Danach darf ich heute nicht mehr waschen. Sonst musst du halt bis Montag mit schmutziger Unterwäsche rumlaufen, wenn du keine saubere mehr hast.«

»Wer sagt denn so was?«

»Das steht in der Hausordnung.«

Klar. Um unseren Balkon schwirren etwa 2000 stechbereite Bienen. Aber so eine ratternde Waschmaschine am Nachmittag – die könnte natürlich für Unmut in der Nachbarschaft sorgen.

Ich schnaufe einmal tief durch. »Ich leg dir die Sachen raus.«

»Ach, und, Spatz?«

»Was denn noch?«

»Könntest du bitte ein paar Sachen für mich besorgen, die ich noch für meinen Geburtstag übermorgen brauche? Ich bin mit meinem Bein nicht so gut zu Fuß im Moment.«

»Ja, mach ich.«

»Ich bräuchte außerdem noch von der Apotheke eine Heparin-Salbe für meinen Fuß.«

»Ist gut.«

»Und bring mir bei der Gelegenheit am besten auch gleich ein Spray gegen Fußpilz mit.«

Ich verziehe angewidert das Gesicht. »Okay.«

»Meine Füße schwitzen in dem Verband doch so stark.«

»Alles klar.«

»Super, du bist ein Schatz.« Im nächsten Moment raschelt es an der Tür. Ich hebe meinen Kopf und sehe, wie meine Mutter versucht, einen gelben Post-it unter dem Türspalt hindurchzuschieben. Aufgrund der klebrigen Unterseite rutscht der Zettel auf dem Parkettboden allerdings nicht besonders gut. Ich kann das Ächzen und Schnaufen meiner Mutter auf der anderen Seite der Tür hören, während sich der Post-it vor meinen Augen Millimeter um Millimeter nach vorn kämpft, bis er schließlich in meinem Zimmer liegt.

»Da steht alles drauf.«

»Gut«, sage ich und sinke wieder in mein Kopfkissen. Dann ist es still. Zu still. Ich höre keine Schritte. Wieso höre ich keine Schritte?

»Hast du ihn?«

Weil meine Mutter immer noch vor der Tür steht.

»Ich heb ihn auf, wenn ich aufgestanden bin.«

»Nimm ihn doch lieber jetzt gleich an dich, sonst vergisst du ihn noch.«

»Mama, er liegt vor der Tür. Wie soll ich ihn denn da vergessen?«

Wieder ist es still.

»Aaargh!« Zerknirscht rapple ich mich von meiner Matratze hoch. Ich hebe den Post-it vom Fußboden auf und pappe ihn mir an die Stirn. Dann öffne ich die Tür. »Zufrieden?«, frage ich mit bissiger Stimme und schiebe mich an meiner Mutter vorbei ins Badezimmer. Während die elektrische Zahnbürste über meine Backenzähne scheuert, blicke ich in den Badezimmerspiegel und lese die Einkaufsliste auf meiner Stirn:

1 x Fußpilz-Spray »Mykosert«
1 x Heparin
3 x Flaschen Prosecco
2 x O-Saft
1 x Curry
3 x Milch
1 x Butter
1 x 500 Gramm Hackfleisch
1 x Entenpastete
6 x Spaghetti
1 x Klobürste

Dreißig Minuten später stehe ich im Rewe vor den Hygiene-Artikeln und kontrolliere noch einmal meinen Einkaufs-Post-it: eine neue Klobürste. Meine Mutter hat tatsächlich eine 1 vor die Klobürste geschrieben. Als ob ich mir sonst vor dem Regal mit den Klobürsten ratlos den Kopf kratzen würde, weil ich nicht weiß, wie viele Klobürsten wir denn nun brauchen. Ich greife einen der Toiletten-Schrubber, als Ariane vor mir steht.

»Emil?«

Ich hatte mir in den letzten Tagen oft ausgemalt, wie es sein wird, wenn wir uns irgendwann mal über den Weg laufen. Ich hatte mir vorgestellt, wie ich gerade die Straße entlanglaufe mit einem vollbusigen Bikini-Model an der Hand. Tja, und nun? Stehe ich hier in Gang drei vor den Hygiene-Artikeln und halte stattdessen eine Klobürste in der Hand.

»Ariane!«, stoße ich überrascht hervor, und mein Herz macht vor Schreck eine Arschbombe in meine Magengrube. Die Nervenenden in meinen Armen zucken aufgeregt und wollen meine Ex-Freundin unbedingt umarmen, aber mein Gehirn rät davon ab. Also stehe ich unschlüssig vor ihr und weiß nicht genau, wie ich mich verhalten soll. Irgendwie merkwürdig. Noch vor Kurzem habe ich mir die Zähne in unserem Badezimmer geputzt, während Ariane vor mir auf der Toilette saß – und jetzt stehen wir uns gegenüber wie zwei Fremde, die sich lediglich von der morgendlichen Fahrt mit dem Stadtbus kennen.

»Wa… was machst du denn hier?«

»Ach, nur kurz das Nötigste für den Feierabend besorgen.«

»Ja, ich auch«, sage ich, und dabei fällt mein Blick auf die Klobürste in meiner Hand. »Also, jetzt nicht so nötig«, ergänze ich hastig, »Wochenendeinkaufe halt.«

Ariane lächelt mich aufmunternd an.

»Tut mir übrigens leid, dass ich dich neulich mit so vielen Voice-Messages bombardiert habe. Ich hatte ein bisschen was geraucht und war neben der Spur.«

Ariane macht ein überraschtes Gesicht. »Herr Hase, Herr Hase. Seit wann kiffen Sie denn?«

»Tja, vielleicht bin ich doch nicht so brav, wie du dachtest.«

»Zumindest scheinst du dich verändert zu haben. Deine Haare sind auch ganz anders.«

»Ich fand's mal Zeit für was Neues«, lüge ich.

»Steht dir gut.« Ariane wirft einen Blick in meinen Einkaufskorb. »Und heute Abend kochst du deine berühmte Paella gegen den Kiffer-Hunger?« Sie lacht.

Ich schüttle den Kopf. »Das sind nur Besorgungen für meine Mutter.«

»Die war immer so lecker.«

»Dein neuer Lover bekommt die bestimmt auch hin.«

»Ach, als ob der Reis essen würde. Gott bewahre, das sind ja Kohlenhydrate.« Ariane imitiert eine ängstliche Abwehrhaltung, als stünde ein kleines Kind mit einer Spritzpistole in der Hand vor ihr.

»Tja, ein Waschbrettbauch wird nun mal in der Küche geschmiedet und nicht im Fitnessstudio«, sage ich und versuche ein schadenfrohes Grinsen zu unterdrücken. Selber schuld, wenn sie sich mit so einem Kalorienzähler einlässt. Und dann sagt Ariane plötzlich etwas, das mein Lächeln schneller einfriert als eine Schneelawine einen Hamster: »Mir fehlen unsere gemeinsamen Kochabende.«

Platsch! Milz und Niere stürzen jetzt ebenfalls nach unten in der Magengrube und leisten meinem Herzen Gesellschaft. Hat sie gerade wirklich gesagt, ich würde ihr fehlen?

Ich muss mich räuspern, um meine Stimme wiederzufinden, bevor ich kleinlaut sagen kann: »Mir fehlen sie auch.«

»Vielleicht können wir das ja irgendwann mal wieder machen!?« Ariane, die sonst immer so tough ist, wirkt auf einmal ganz schüchtern. Meine restlichen Eingeweide, die bisher tapfer die Stellung gehalten haben, stürzen sich nun vor Aufregung eines nach dem anderen hinunter in meine Magengrube.

»Von mir aus sehr gerne«, sage ich und versuche dabei nicht zu nervös zu klingen.

Arianes Miene scheint jetzt noch ein bisschen heller. »Echt? Wie wäre es dann gleich morgen?«

»Passt perfekt. Um 21 Uhr?«

»Super, ich freu mich. Und kannst du was zum Rauchen mitbringen?«

Ich stutze einen Moment. »Äh, klar. Kein Problem.«

»Klasse.« Ariane gibt mir zum Abschied noch einen Kuss. Bloß auf die Wange. Aber ich habe das Gefühl, dass ihre Lippen schon bald wieder da landen werden, wo sie hingehören: auf meinem Mund.

Das Klingeln meines Handys unterbricht meine Gedanken. Meine Mutter hat mir eine WhatsApp-Nachricht geschickt. Allerdings ohne Text, zu sehen sind lediglich vier Emojis: eine Aubergine, von der ein ausgestreckter Zeigefinger zu einem Tacco zeigt. Daneben ist ein Smiley mit Herzen in den Augen. Verstört stecke ich das iPhone zurück in meine Hosentasche und begebe mich zur Kasse.

Nachdem ich meine Einkäufe bezahlt habe, wandle ich, von meinem Zusammentreffen mit Ariane immer noch ganz beschwingt, zur Apotheke. Ich glaube, es hat noch nie jemand so fröhlich eine Apotheke betreten wie ich. Schließlich gehören die Pharma-Kioske zu den drei unangenehmsten Orten auf der Welt:

3. Das Wartezimmer bei einem Urologen.
2. Öffentliche Toiletten, bei denen die Trennwände bloß bis zur Schulter reichen und man seinem Kabinen-Nachbarn in die Augen gucken kann, während man sich den Po abwischt.

1. Apotheken. Ich bin der Überzeugung, dass sie eine perfide Erfindung der Unterhaltungsindustrie sind, um die Schmerzgrenze der Bevölkerung auszukundschaften. Solange es Menschen gibt, die bereit sind, vor einer Schlange von fremden Menschen zu sagen: »Ich bekomme bitte einmal die Tinktur gegen Analwarzen«, so lange wird RTL auch noch Teilnehmer finden, die sich nicht schämen, bei *Love Island* mitzumachen.

Als ich an der Reihe bin, steht ein kleines altes Männchen vor mir und blickt mich durch seine Brille freundlich an. »Was kann ich für Sie tun?«

»Ich bekomme bitte eine Heparin-Salbe und einmal Mykosert.« Dabei versuche ich möglichst leise zu sprechen, sodass die Menschen hinter mir in der Schlange nichts hören.

Der kleine Apotheker verschwindet in einem Hinterraum und kommt kurz darauf mit dem Heparin wieder zurück. Er legt die Salbe auf den Tresen und wirft einen Blick in seinen Computer vor sich. »Wie hieß das andere Medikament?«

»Mykosert«, lese ich von dem Post-it in meiner Hand ab.

Der kleine Mann tippt den Namen in seinen Computer und runzelt die Stirn. »Wofür soll das sein?«

»Fußpilz«, flüstere ich, wobei ich spüren kann, wie meine Ohren rot anlaufen.

»Fußpilz«, wiederholt der Apotheker, während er erneut etwas auf seiner Tastatur tippt. Dann schüttelt er den Kopf. »Das finde ich nicht. Können Sie es mir bitte buchstabieren?«

»M-Y-K-O-S-E-R-T.« Mittlerweile muss auch der letzte Kunde im Laden denken, dass meine Zehen vom Pilz befallen sind wie Korallen vom Moos. Bloß der Apotheker ist immer noch ratlos. Er wendet sich an seine junge Kollegin, die neben ihm gerade eine Dame bedient. »Mykosert? Gegen Fußpilz?« Meine Ohren könnten mittlerweile Flugzeuge anlocken, so wie die leuchten.

Die Frau kneift die Augenbrauen zusammen. »Wie sieht das denn aus?«

»Keine Ahnung«, sage ich gereizt.

»Können Sie es mir im Internet zeigen?«

»Echt jetzt?« Genervt ziehe ich mein Handy aus der Hosentasche und gebe den Namen des Medikaments in die Google-Leiste ein. Anschließend halte ich dem kleinen Apotheker das Telefon vors Gesicht. So stehe ich nun da. Mit einer Klobürste in der linken Hand und einem Foto von einem Fußpilz-Spray in der rechten Hand, das der Apotheker aufmerksam studiert. Schließlich widmet er sich wieder seinem Computer und sagt: »Das haben wir leider nicht im System. Aber ich gebe Ihnen ein anderes Spray, das genauso gut ist.« Sprach's und verschwindet wieder im Nebenraum, um es zu holen.

Zu Hause hängt meine Mutter meine nassen Boxershorts über einen Wäscheständer im Flur. »Da bist du ja wieder. Hast du meine Nachricht noch bekommen?«

»Ja«, sage ich und lege die Einkaufstüte auf dem Küchentisch ab. »Aber was wolltest du mir damit sagen?«

»Ich dachte, ich mach Taccos mit Auberginen-Hackfleisch-Füllung. Ist das in Ordnung?«

»An sich schon, aber ich hab die Zutaten nicht mitgebracht.«

Meine Mutter guckt kurz, als ob das ZDF Rosamunde Pilcher abgesetzt hätte. Dann wischt sie mit der Hand durch die Luft und sagt: »Egal, dann gibt's halt Spaghetti Bolognese.«

Kapitel 22

Nach dem Abendessen räume ich rasch die beiden Teller in die Spülmaschine und nehme den Hausschlüssel vom Beistelltisch im Flur. Ich will so schnell wie möglich rüber zu Kamil und ihn bitten, mir Gras zu besorgen. Meine Mutter ist bereits ins Wohnzimmer gehumpelt und hat den Fernseher eingeschaltet. Ich stecke meinen Kopf ins Zimmer.

»Mama, ich bin noch mal weg.«

»Wo gehst du denn noch hin?«

Mir fällt kein plausibler Grund ein, warum ich nach dem Essen noch bei einem Dönerladen vorbeigucke. Daher lüge ich und sage: »Ich treffe mich noch mit einem Freund.«

»Mit wem?«

»Was spielt das für eine Rolle?«

»Du verabredest dich sonst immer nur mit Lili. Da bin ich halt neugierig, wer deine anderen Freunde sind.«

»Ich treffe mich mit Igor. Zufrieden?«

»Wie nett. Bring ihn doch mal mit.«

»Um was bitte schön zu tun?«

»Na, er könnte doch zum Kuchenessen zu uns kommen. Dann back ich uns einen Rüblikuchen und lern ihn auch mal kennen. Oder ist Igor Veganer?«

Vor meinem inneren Auge sehe ich einen zwei Meter großen Russen an unserem Küchentisch ein Stück Tofu-Torte verputzen.

»Ich frag ihn mal«, sage ich und ziehe die Wohnungstür auf.

Als ich vor Kamils Laden ankomme, wird das Imbiss-Restaurant gerade abgerissen. Durch die Glasscheibe an der Außenfassade erkenne ich seine Ehefrau, die hinter der Ladentheke steht und wütend Serviette um Serviette um Serviette durch das »Döner Döner Döner« schmeißt. Kamil und seine Familie wohnen im ersten Stock über dem Imbiss. Ich hab erst ein Mal gesehen, dass seine Frau runterkam. Damals waren die beiden frisch verheiratet, und als Kamil uns vorstellte, wirkte sie glücklich. Den Eindruck macht sie heute nicht. Die Ladentür steht offen, aber selbst eine Panzertür wäre nicht dick genug, um zu verhindern, dass ich den Brei aus deutschen und türkischen Worten höre, den sie dem armen Kamil, der zusammengesunken an einem der Tische sitzt, an den Kopf knallt. Ihre sonst so feinen Gesichtszüge sind verzerrt vor Wut, und ihre Wangen sind schon fast so rot wie die gefärbten Haare, die sie mit einem Scheitel auf die linke Schulter gelegt hat.

»In zwei Tagen bist du bei *Champ am Herd*.«

(Dann sagt sie irgendwas auf Türkisch, das für mich klingt wie ein Internetmodem aus den Neunzigern.)

»… und du machst Party mit deinen Freunden.«

Sie greift in einen silbernen Zutatenbehälter und holt eine Handvoll gehobelter Ingwerscheiben heraus.

»Ingwer-Döner? Damit willst du gewinnen?«

(Das Internetmodem arbeitet nun auf Hochtouren.)

»Glaubst du, ich will den Rest meines Lebens über einer kleinen Dönerbude wohnen?«

Sie schmeißt den Ingwer auf den Boden.

»Elif und ihr Mann sind vor Kurzem in eine Vierzimmerwohnung gezogen. Mit Balkon. Und weißt du, wo ihr Mann mit ihr im Sommer hinfährt?«

Mr Macho, der mir vor Kurzem noch erklärt hat, wie man mit Frauen angeblich umgehen muss, schüttelt schwach den Kopf.

»Vierzehn Tage Karibik-Kreuzfahrt. Dabei hat ihr Mann Adnan in einem Gartencenter gearbeitet, als er nach Deutschland kam.«

(Das Internetmodem klingt jetzt so angestrengt, als würde es Moorhühner jagen.

»Und jetzt? Gehören ihm vier Blumenläden. Der ist nicht so ein Versager wie du. Mein Vater hat mich immer gewarnt, dich zu heiraten.«

Sie wirbelt herum auf der Suche nach einem neuen Wurfgeschoss und entdeckt dabei mich, wie ich draußen auf dem Randstein stehe und schüchtern durch die Glasscheibe spähe wie ein Kleinkind vor der Süßigkeiten-Auslage.

Zähneknirschend richtet sie noch ein paar türkische Worte an Kamil, der seinen Kopf hebt und mich mit toten Augen anblickt. Dann schaltet sich das Modem aus, und sie stapft hoch in den Wohnbereich.

»Stör ich?«, frage ich, als ich eintrete.

»Nein, schon gut. Komm rein. Willst du einen Döner?«, fragt Kamil.

»Nee, heute nicht. Hab zu Hause gegessen.« Ich setze mich auf einen der freien Stühle am Tisch neben ihn und überlege, wie ich mein Anliegen am besten anspreche. »Aber ... ähm ... also ... nur mal so aus Neugier: Weißt du, wo ich Gras herbekommen könnte?«

»Habibi, du kiffst?«, fragt Kamil überrascht. Ich möchte echt mal wissen, warum das jeden so erstaunt.

»Eigentlich nicht. Aber Ariane hat mich zum Essen eingeladen und gefragt, ob ich was mitbringen kann.«

»Ariane? Deine Ex? Geht da wieder was?«

»Weiß ich nicht. Aber das Gras würde auf jeden Fall helfen.«

Kamil erhebt sich von seinem Stuhl und geht hinüber zum Flur, um sich davon zu überzeugen, dass seine Frau wieder oben im Wohnbereich ist. Als er sicher ist, dass sie uns nicht hören kann, wendet er sich wieder mir zu. »Okay, warte hier«, sagt er und verschwindet in einem Nebenraum. Zwei Minuten später kommt Kamil mit einem weißen Notizblatt in der Hand zurück. »Ich hab mit 'nem Bekannten telefoniert. Der kann dir Gras geben.« Er reicht mir den Zettel, auf dem eine Adresse steht: »Prieselstraße 17«.

»Geh da hin und klingle bei Radkehrer.«

Zögernd nehme ich das Papier an mich. »Kannst du nicht mitkommen?« Mir ist nicht ganz wohl bei dem Gedanken, einen Drogenverkäufer zu Hause zu besuchen.

»Sorry, Habibi. Meine Frau tötet mich, wenn ich nicht an meinem Döner-Rezept für die Show übermorgen arbeite.«

»Na gut«, sage ich kleinlaut und stecke den Zettel in meine Hosentasche. »Trotzdem danke.«

Die Prieselstraße führt rechts weg vom Schloßkanal. Hier wohnen vor allem Arzt-Ehepaare und Anwälte mit ihren Babys, bevor die Kinder groß werden und die Familie in ein größeres Haus mit Garten im Vorort zieht. Und seit Neuestem wohnen hier offenbar auch Drogendealer. Nummer 17 ist ein modernes Mehrfamilienhaus mit weiß gestrichener Außenfassade und einem dunkelgrauen Flachdach. Drei Terrakotta-Stufen führen zur Haustür. Flankiert werden sie dabei von Blumentöpfen, in denen Geranien blühen. Niemand würde vermuten, dass sich hier das traute Heim eines Schwerverbrechers befindet.

Selbst der Restaurant-Pavillon im Legoland wirkt dubioser. Ich drücke auf die Klingel. Während ich auf eine Reaktion durch die Sprechanlage warte, gehe ich im Kopf meinen Text durch.

»Guten Abend, Hase mein Name. Ich komme wegen der Drogen.«

Logo. Und dann geb ich ihm am besten auch noch meine IBAN und mein Netflix-Passwort. Ich Depp. Meinen echten Namen darf ich ihm natürlich nicht sagen, dann kann er mich auch nicht verpfeifen, wenn ihn die Bullen hopsnehmen.

»Großer Vogel ist gekommen, um kleinen Wurm abzuholen.«

Ja, das ist besser.

Die Tür unterbricht mit einem »Brrrr« meine Überlegungen. »Zweiter Stock«, knarzt es durch die Sprechanlage.

Es gibt zwar einen Fahrstuhl, aber bei meinem Glück bleib ich in dieser Drogenhöhle mit dem Aufzug noch stecken. Deshalb nehme ich lieber die Treppe. Die Wand des Treppenhauses schmücken Wasserfarbenzeichnungen. Ich glaube, ich habe seit der Grundschule niemanden mehr gesehen, der mit Wasserfarben malt. Und genau so sehen die Bilder auch aus: als hätte sie ein Siebenjähriger gemalt. Porträtzeichnungen von Personen mit gelber Haut und überproportional großen Nasen hängen neben roten Seesternen mit weißen Punkten am Meeresgrund. Die Malstunde war bestimmt Teil der Knast-Therapie.

Der zweite Stock. Mein Herz pocht wie ein Specht auf Ecstasy. Ich überlege kurz, ob ich Lili meinen Aufenthaltsort schicken sollte, falls mir was geschieht. Aber Kamil hat ja meine Nummer und weiß, wo ich bin. Hinter der Tür höre ich eine Panflöte. Bestimmt ist der Typ gerade auf einem Trip. Ich drücke auf die Klingel. Nun höre ich auch das Knarzen eines Holzfußbodens, das immer lauter wird, und dann geht die Tür auf, und vor mir steht Hugo Egon Balder – oder zumindest sein Doppelgänger. Um sein braunes Leinenhemd baumelt eine Kette aus Holzperlen, und an den Füßen trägt er weder Socken noch Schuhe.

»Du musst Emil sein. Stimmt's?«

So viel also zur Geheimhaltung meiner Identität. Vielen Dank, Kamil. Ich nicke, und mein Hippie-Dealer schüttelt mir die Hand. »Komm rein.« Er tritt zur Seite und führt mich in den Eingangsbereich, nicht größer als eine Parklücke. Das Licht ist gedimmt, trotzdem kann ich drei Zimmer erkennen, die an den Flur grenzen. Links befindet sich die Küche. Die Tür zu meiner rechten Seite ist geschlossen, aber dafür ist der Raum vor mir offen. Ein Zimmer, das ein bisschen aussieht wie eine Mischung aus Sektentempel und Kindergarten. Der Boden ist mit blauen Schaumstoffmatten ausgelegt, auf denen eine Gruppe von Männern und Frauen barfuß in Zweierpaaren Rücken an Rücken stehen und ihre Fingerspitzen zärtlich über die Hände des Partners streicheln, während aus einer iPod-Docking-Station auf dem Fußboden die Peruaner flöten.

»Was ist das hier?«, frage ich mit einer Mischung aus Faszination und Verunsicherung in der Stimme.

»Wir feiern eine Kuschelparty. Schon mal auf einer gewesen?«

»Glaub nicht«, sage ich gedankenlos, ohne den Blick vom Geschehen vor mir zu wenden. Als ob man so ein Erlebnis einfach wieder vergessen könnte wie eine Masernimpfung in der Kindheit. »Schon mal mit dem Flugzeug abgestürzt?«

»Puh, lass mich nachdenken. Wenn, auf jeden Fall schon 'ne Ewigkeit her.«

»Wir kommen einmal in der Woche zusammen. Viele von uns sind Singles und sehnen sich nach Berührungen. Manche sind in einer Beziehung, aber bekommen zu wenig Zärtlichkeit.«

»Verstehe«, sage ich und denke: Die haben doch nicht mehr alle Blätter an der Rose.

»Entschuldige, aber würde es dir was ausmachen, mir die siebzig Euro gleich zu geben?«, fragt mein Gastgeber. Ich zücke meinen Geldbeutel und ziehe die letzten Scheine heraus.

»Spitze. Gesell dich einfach dazu, ich hol kurz dein Zeug«, sagt der Kuschelkönig von der Prieselstraße und klopft mir aufmunternd auf die Schulter. »Die beißen nicht, versprochen.«

Trotzdem stelle ich mich lieber hinten an den Rand der Matratzenwiese zu einem Bistrotisch, auf dem eine Schale mit Keksen und eine Karaffe mit Wasser stehen, und versuche, nicht aufzufallen. Was gar nicht so leicht ist, wenn man mit Abstand der Jüngste ist und als Einziger Schuhe trägt. Außerdem bin ich der einzige Gast auf dieser Party, der noch keinen Kuschelpartner hat. Ein Umstand, den eine hagere Frau mit Prinz-Eisenherz-Frisur unbedingt ändern möchte, so, wie sie zu mir herüberlächelt und mein Herz schneller schlagen lässt. Aber nicht dieses gute Noch-zweimal-schlafen-dann-ist-Weihnachten-Herzrasen, sondern eher das Scheiße-was-ist-das-für-ein-Knoten-unter-meinen-Achseln-Herzrasen. Um ihrem Blick aus dem Weg zu gehen, untersuche ich intensiv den Teller mit den Keksen vor mir. Während ich von einem der Gebäckstücke abbeiße, wiederhole ich im Kopf immer wieder: »Bitte komm nicht zu mir rüber. Bitte komm nicht zu mir rüber. Bitte komm nicht zu mir rüber. Bitte komm ni…«

»Darf ich dich in den Arm nehmen?« Prinzessin Eisenherz steht neben mir und breitet die Arme aus. War ja klar. Auf die Schnelle fällt mir leider auch kein Grund ein, der dagegenspricht, und ich will auch keinen Unfrieden auf die Party meines Drogendealers bringen, weshalb ich nach einem kurzen Zögern »Okay« sage und mit schlaff herunterbaumelnden Armen die Umarmung über mich ergehen lasse. Die Dame atmet einmal tief ein und wieder aus, wobei ich spüren kann, wie sich ihr Brustkorb hebt und senkt.

Schließlich lässt die Dame wieder von mir ab und sagt mir sanfter Stimme: »Ich danke dir für diese Umarmung.«

»Äh, ja, also, keine Ursache«, sage ich und nehme mir aus Verlegenheit noch einen Keks.

»Bist du zum ersten Mal hier?«

Ich nicke und spüre auf einmal eine Hand auf meinem Rücken. Jeder Muskel in meinem Körper spannt sich an. Ein Mann im mittleren Alter mit schwarzem Scheitel und einem weißen T-Shirt, das er in seine Jeans gesteckt hat, hat sich zu uns gesellt. Ich steh da, lampengerade, während Hitler meine Schulter streichelt und die Dame weiter auf mich einredet. »Ich komme seit zwei Monaten her. Beim ersten Mal dachte ich: Oh mein Gott, wo bin ich hier?« Die Dame lacht und wedelt mit den Händen vor ihrem Gesicht. Mir hingegen ist eher zum Weinen zumute. Ich nehme mir noch einen Keks vom Teller. »Wie bist du auf uns aufmerksam geworden?«

Die Hand wandert zu meinem Nacken und führt mit gespreizten Händen durch das Haar meines Hinterkopfs. Kalter Schweiß läuft mir über den Rücken. Ich stopfe mir den ganzen Keks auf einmal in den Mund. Mir wird plötzlich ganz schummerig. Ein paar Partygäste liegen mittlerweile auf den Matten in der Löffelchenstellung. Sieht gemütlich aus. Ob die wohl was dagegen haben, wenn ich mich kurz dazulege?

Sachte schiebe ich ein Bein zur Seite, um ein bisschen Platz zu machen. »Nur ganz kurz«, nuschele ich dem Bein zu und lege mich hin.

»Willkommen«, weht es an mein Ohr. Ich versuche die Augen zu öffnen. Leck mich am Arsch, sind die plötzlich schwer. Schemenhaft erkenne ich die Umrisse meines Drogen-Hippies, der über mir steht und grinst.

»Bisschen zu viel von den Hasch-Keksen genascht, hm? Warte, ich hol dir ein Glas Wasser.«

»Danke, du lieber, netter Drogen-Hippie«, sage ich schwach. Vielleicht ist das aber auch so ein Moment, wo man nicht weiß, ob man etwas gesagt hat oder bloß gedacht. Deswegen rufe ich lieber noch mal ganz laut »Danke!«.

»Pssst«, flüstert eine Stimme hinter mir, weil es ja irgendwie ironisch wäre, wenn sie das »Pssst« brüllen würde, und streichelt mit dem Handrücken meine Wange. Hm, das fühlt sich gut an. Ariane hat mich so immer gestreichelt, wenn ich noch im Bett lag und sie zur Arbeit gehen musste.

»Bist du das, Ariane?«

»Du hast mir so gefehlt.«

»Bleib doch bitte heute hier. Geh nicht zur Arbeit.«

»Lass uns für immer im Bett bleiben, okay?«

»Versprichst du mir das, Schatz?«

Ich drücke meine Lippen sanft auf ihre Lippen. Auf einmal hört die Hand auf, meine Wange zu streicheln. Und die Stimme flüstert auch nicht mehr. Sie schreit jetzt. Warum schreit die Stimme? Soll ich vielleicht mitmachen? Am besten schreie ich auch.

»Leute, bitte beruhigt euch wieder. Das war bestimmt ein Versehen«, sagt eine mir vertraute Stimme. »Ich kümmere mich darum.« Woher kenne ich diese Stimme? Aber gut, dass sie sich um das Problem kümmert. Eine Hand greift mich am Arm und zieht mich unsanft nach oben. Der Drogen-Hippie steht vor mir und guckt gar nicht glücklich. Er drückt mir einen kleinen Plastikbeutel in die Hand. »Da hast du dein Dope, und jetzt schleichst du dich bitte.«

Als ich hinaustrete, ist es bereits kurz vor Mitternacht, und die nächste Nacht-Tram kommt erst in einer halben Stunde. Daher laufe ich zu Fuß. Bis nach Hause sind es drei Kilometer, sagt Google Maps. Ich bin müde und die Füße tun mir weh, aber immerhin werde ich dabei wieder ein bisschen nüchtern.

Meine Mutter liegt im Wohnzimmer auf dem Sofa und schnarcht, während im Fernsehen *Inspector Barnaby* läuft. Der britische Chief Inspector ermittelt im Rahmen einer Hundeshow. Seit 23 Jahren gibt es diese Sendung, und in jeder der 122 Folgen veranstaltet das Dorf ein anderes Event. Selbst in New York ist weniger los als in der fiktiven TV-Gemeinde Midsomer. Ich betrachte meine Mutter beim Schlafen. Lili hat recht. Sie sieht für ihr Alter wirklich noch ganz gut aus. Schon als Kind musste ich mit ihr am Abend immer das ZDF gucken, und die Reklameunterbrechungen im Vorabendprogramm werben hauptsächlich für Arzneimittel. Das hat mein Bild von älteren Frauen gezeichnet. Für mich war völlig klar: Eine Frau ab fünfzig hat Gelenkschmerzen, braucht ein künstliches Gebiss, um wieder kraftvoll in einen Apfel beißen zu können, und hat obendrein noch Probleme mit dem Reizdarm. Meine Mutter hat keine dieser Beschwerden. Auch wenn sie mich manchmal in den Wahnsinn treibt, bin ich froh, dass es ihr noch so gut geht und ich sie noch lange haben werde. Ich schalte den Fernseher aus, und sofort schreckt meine Mutter hoch.

»Hä? Ja? Was? Ich bin hier«, ruft sie.

»Du bist eingeschlafen, Mama.«

»Nein, ich bin wach.« Sie schüttelt unwirsch den Kopf.

»Wie spät ist es?«

»Viertel vor eins.«

»Hach Gott. Na gut, dann werd' ich jetzt mal ins Bett gehen«, gähnt sie und erhebt sich schwerfällig vom Sofa. »Hattest du einen schönen Abend?«

»Hmh«, mache ich.

»Fein. Soll ich die Lichter ausmachen?«

»Nein, ich bleib noch ein bisschen auf.«

»Wie du meinst«, sagt meine Mutter und haucht mir einen Kuss auf die Stirn. »Schlaf gut.«

»Du auch, Mama.«

Kapitel 23

Verdammtesscheißdrecksfickenkackfuckding! Ich sitze in der Redaktion vor meinem PC und starre angestrengt auf den Monitor. Zählt dieses kleine Futzelchen im linken oberen Eck jetzt noch zum Ortsschild oder nicht?

Im Büro ist heute nicht viel los. Gestern war Redaktionsschluss für die April-Ausgabe, und das nächste Heft muss erst in zwei Wochen fertig sein, weshalb die Redakteure es traditionell an diesem Tag etwas ruhiger angehen lassen – oder gar nicht erst zur Arbeit erscheinen. Gabi sitzt an ihrem Rechner und bestellt Babysachen auf Amazon, weil sie endlich schwanger ist, wie sie mir heute Morgen erzählt hat, strahlend wie Mario Götze nach dem WM-Tor. Ich hingegen surfe im Internet nach einer Anleitung, wie man Joints dreht. Schließlich will ich mich heute Abend vor Ariane nicht blamieren. Das würde mein kiffendes Bad-Boy-Image gleich wieder ruinieren. Weit komme ich bei meiner Recherche aber nicht. Google möchte nämlich zuerst wissen, ob ich ein Mensch bin. Das versucht der Internet-Riese mit einem Test herauszufinden. Auf meinem Bildschirm taucht ein Foto von einer Straße auf, das in zwölf Quadranten unterteilt ist. Ich soll nun jedes Rechteck anklicken, auf dem ein Straßenschild abgebildet ist. Dreimal bin ich bereits daran gescheitert. Weil irgendwo immer noch ein Pixel von einem Schild in den nächsten Quadranten hineinragt und ich nicht weiß, ob dieser damit nun zu den Ortsschildern zählt oder nicht. Es ist zum Heulen.

»Wunde Brustwarzen«, ruft Gabi plötzlich und tippt etwas in ihren Computer. Ich hab irgendwo mal gelesen, dass bei Frauen während der Schwangerschaft das Gehirn schrumpft. Bei meiner armen Kollegin hat die Hirnschmelze offenbar schon eingesetzt. Ich blicke verdutzt zu ihr rüber. »Bitte?«

»Entschuldige, Emil. Ich denke bloß laut nach.«

»Über Nippel?«

»Ich erstelle gerade eine Pro-und-Kontra-Liste, ob ich mein Baby stillen soll oder ihm lieber von Anfang an die Flasche gebe.«

»Ah.«

»Und wunde Brustwarzen kommen auf die Kontra-Seite.«

»Dacht' ich mir schon«, sage ich und klicke auf ein Ortsschild. Wieder falsch. Verdammt. Selbst Google hat nun ein Einsehen mit mir und bietet mir ein neues Foto an. Ein leichteres. Diesmal soll ich alle Ampeln anklicken. Und tatsächlich schaff ich das sogar. Jippie.

Ich öffne ein Video mit dem Titel »Wie man einen Joint baut«. Zu sehen sind zwei Herrenhände, die so gepflegt aussehen, dass ich mich frage, ob der Darsteller wohl extra am Vormittag für die Aufnahmen noch zur Maniküre gegangen ist. Jedenfalls falten sie ein Zigarettenpapier. Da ich so etwas nicht habe, reiße ich ein DIN-A5-Blatt aus meinem Ringblock heraus und mache ihm jede Handbewegung nach. Am Ende des Videos hält das Handmodell eine perfekte Tüte in seinen zarten Fingern, während das in meiner klobigen Hand aussieht, als ob ein Sechsjähriger seine Schultüte selbst gebastelt hätte. Heute will auch wirklich gar nichts klappen. Genervt zerknülle ich meine Bastelarbeit. Das Problem ist, dass mein Papier nicht dünn genug ist. Außerdem habe ich kein Gras bei mir, um den Joint zu füllen. Deshalb gehe ich über den Redaktionsflur zwei Zimmer weiter in das Bastel-Ressort. Die Kolleginnen sind heute nicht anwesend, aber zum Glück ist der Schrank mit dem Arbeitsmaterial offen. Ich ziehe eine Handvoll Lametta als Marihuana-Ersatz heraus und zum Drehen eine Rolle mit pinkem Seidenpapier. Die klemme ich mir unter den Arm und kehre zurück an meinen Arbeitsplatz. Zwanzig Minuten und einen halben Meter Geschenkpapier später halte ich schließlich stolz den wohl femininsten Joint der Welt in meiner Hand, aus pinkem Seidenpapier und mit goldenem Engelshaar gefüllt. Nicht mal das Christkind würde sich damit nach Heiligabend die Birne wegkiffen. Aber zumindest klappt das mit dem Drehen jetzt. Allerdings muss ich nachher auf dem Weg zu Ariane unbedingt noch an einem Kiosk vorbeigehen und Papier kaufen.

Zu Hause steht Konrad in der Küche und schält eine Zucchini. Meine Mutter sitzt auf der Bank am Fenster und guckt ihm dabei zu.

»Ah, Emil. Perfektes Timing«, sagt Konrad, als ich in die Küche komme. »Isst du mit uns?«

»Was gibt's denn?«

»Zucchini-Nudeln in Mandel-Sesam-Soße.«

»Klingt köstlich«, sage ich trocken.

»Konrad kann nämlich nicht nur einen spitzen Kaffee machen, sondern auch wunderbar kochen«, erklärt meine Mutter.

»Ich bin leider heute schon verabredet«, sage ich und verlasse die Küche, um mich im Badezimmer für mein Date mit Ariane frisch zu machen.

»Oh?! Darf ich fragen, mit wem?«, ruft meine Mutter mir hinterher.

»Jetzt sei doch nicht so neugierig, und horch den armen Kerl nicht so aus«, höre ich, wie Konrad mir zur Seite springt.

»Ich darf mich doch wohl noch für das Leben meines Sohnes interessieren.«

»Ich bitte dich, Ulla. Wir haben unseren Eltern doch auch nichts gesagt.«

Allmählich finde ich Konrad richtig klasse.

Gar nicht klasse finde ich allerdings mich. Skeptisch betrachte ich mich im Badezimmerspiegel. Mein Gesicht sieht aus wie der Südpazifik, aus dem überall kleine Bartinseln herausragen. Ich ziehe die oberste Schublade unter dem Waschbecken auf, wo meine Mutter Elektrogeräte wie den Föhn und ihr Glätteisen aufbewahrt, aber mein Rasierer ist leider nicht dabei. Ich reiße die Schublade darunter auf und auch die dritte, aber von meinem Rasierer fehlt jede Spur. Wo steckt das Scheißding? Hatte ich ihn neulich in Arianes Wohnung überhaupt eingepackt? Mist. Was für eine Ironie. Ich will mich für meinen Abend mit Ariane rasieren und kann es nicht, weil mein Rasierer bei Ariane ist. Ich blicke auf meine Uhr. Kurz nach acht. Na klar. Warum fällt einem eigentlich immer erst kurz nach Ladenschluss ein, dass man noch etwas braucht?

Neben dem Waschbecken steht der Kulturbeutel meiner Mutter. Darin befindet sich eine Tube Enthaarungscreme. In meiner Not schmiere ich mir das Zeug um den Mund. Ein Duft von Pfirsich steigt mir in die Nase. Nicht gerade männlich. Moschus wäre mir lieber. Hoffentlich verfliegt der Geruch, bis ich bei Ariane bin, denke ich und klatsche mir Wasser ins Gesicht, um das Zeug wieder abzuwaschen. Ich kann die Bartstoppel sehen, die zusammen mit dem orangen Batz im Abfluss verschwinden. Zufrieden streiche ich vor dem Badezimmerspiegel mit der Hand über mein glattes Gesicht. »EvelynCosmetics. Für das Beste im Mann.«

In der Küche sticht Konrad gerade mit einer Gabel in die Plastikschale vor sich auf der Kochablage und dreht eine Zucchini-Nudel auf. Die balanciert er rüber zum Tisch, wo meine Mutter sitzt, und steckt sie ihr in den Mund.

»Probier mal, Bienchen.«

»Hmhm, sehr lecker«, summt meine Mutter.

»Hoppla, da ist ein bisschen hängen geblieben«, sagt Konrad und wischt mit dem Daumen einen Klecks Soße aus dem Mundwinkel meiner Mutter.

Es gibt ein paar Dinge, von denen wünschte ich mir, ich hätte sie nie gesehen. Fotos von Heidi Klum ohne Make-up, die Fitnessgurke beim Sex mit meiner Freundin, der fünfte Teil von *Stirb langsam*. Und wie mein Psychotherapeut mit meiner Mutter den Film *9½ Wochen* in unserer Küche nachspielt.

»Bienchen?«, wiederhole ich schockiert.

»Ups, wir haben Zuhörer«, sagt Konrad mit einem Grinsen. »Das ist mein Kosename für deine Frau Mama. Weil sie doch imkert.« Meine Mutter kichert wie ein Sechsjähriger nach einem Pups. »Und du bist mein Bärchen«, sagt sie und gibt Dr. Rumms, ich meine Konrad, ich meine Bärchen, einen Kuss. Ich schnappe meinen Hausschlüssel und sehe zu, dass ich möglichst schnell von hier wegkomme, ehe ich ersaufe in dem honigsüßen Batz, den die beiden absondern. Seit Natascha Kampusch hat wahrscheinlich nie wieder jemand so erfreut ein Haus verlassen.

Als ich vor Arianes Wohnungstür ankomme, die bis vor Kurzem auch noch meine Wohnungstür war, klingelt mein Handy. Meine Mutter hat mir auf WhatsApp ein Foto geschickt von zwei hübsch angerichteten Tellern mit Zucchini-Nudeln auf unserem Küchentisch. Darunter ist das Emoji von dem Kackhaufen. Es schmeckt ihr also. Ich schalte mein Handy stumm, damit mein Abend mit Ariane nicht durch weitere Botschaften meiner Mutter gestört wird, und stecke es zurück in die Hosentasche. Dann drücke ich auf die Klingel. Das kleine Messingschild darunter mit unseren Namen ist weg. Wo einst das schimmernde Symbol unserer Liebe hing, kleben jetzt nur noch Staub und Rostrückstände. Ariane hatte offenbar keine Zeit damit verloren, mich zu demontieren.

Es ringelt.

Ich höre Schritte von Stöckelschuhen.

Mein Herz pocht.

Die Tür geht auf.

Und dann steht Ariane vor mir.

Kapitel 24

Ich hatte einen Albtraum. Ich habe geträumt, dass Ariane mich mit unserem Nachbarn betrogen hat und ich daraufhin bei meiner Mutter einziehen musste. Sie hat mich gebadet und im Fitnessstudio bloßgestellt. Es war wie in den Horrorfilmen mit Freddy Krueger, der seine Opfer in ihren Träumen aufsucht und bestialisch quält. Nightmare on Schauffelsburger Straße mit Ulla Hase in der Hauptrolle. Aber nun bin ich zum Glück ja wieder wach, und alles ist gut. Die Sonne scheint durch einen Spalt zwischen den Vorhängen auf das Bett. Ariane liegt neben mir, wie gewohnt quer über die Matratze verteilt. Ich gebe ihr einen Kuss. Nur ganz sanft. Aber offenbar stürmisch genug, damit Ariane aufwacht.

»Morgen«, murmelt sie schläfrig.

»Entschuldige, ich wollte dich nicht wecken. Du sahst nur so schön aus, wie du da lagst.«

»Bist du schon lange wach?«

»Paar Minuten«, sage ich und ziehe die Bettdecke ein Stück von Arianes Körper, sodass er nackt vor mir liegt und ich damit weitermachen kann, womit ich gestern Nacht aufgehört habe.

»Irgendwie tut mir die Fitnessgurke ein bisschen leid«, sage ich, während ich damit beginne, ihren Bauch mit Küssen zu bedecken. Ariane hebt den Kopf an und guckt mir dabei zu wie der Wohnungseigentürmer dem Klempner beim Reparieren des Abflussrohrs.

»Wer tut dir leid?«

»Dein Ex-Lover, Mark Tupfel.«

»Wieso?«

»Weil er das hier nicht mehr hat«, sage ich und dichte ihren Bauchnabel mit meinen Lippen ab. »Wie sagt man so schön? Lieber arm bleiben als reich sein und dann alles zu verlieren.«

Ariane schiebt meinen Kopf beiseite und steigt aus dem Bett. Eine ihrer nervtötenden Eigenschaften ist, dass sie nicht lange im Bett liegen bleiben kann, wenn sie erst mal wach ist. Sie muss ständig produktiv sein, sonst kriegt sie schlechte Laune.

»Mark hat mich nicht verloren. Wir sind immer noch zusammen«, sagt sie und verschwindet im Badezimmer.

Als ich bei Ariane eingezogen bin, sind wir am nächsten Tag zu Ikea gefahren und haben ein paar Sachen für die Wohnung besorgt. Aus Spaß hatten wir auch überlegt, einen Spiegel zu kaufen und über dem Bett anzubringen. Im Nachhinein bin ich sehr froh, dass wir uns damals dagegen entschieden haben. Ich guck nämlich bestimmt gerade saudämlich drein. »Hä? Wie jetzt?«, rufe ich.

Ariane kommt aus dem Badezimmer zurück. Mit der Zahnbürste im Mund läuft sie am Bett vorbei, in dem ich immer noch liege, und zieht die Vorhänge auf. »Er ist für zwei Tage in Berlin, um beim Marathon mitzulaufen.«

»Aber wieso hast du mich dann zum Essen eingeladen?«

»Keine Ahnung, Emil«, sagt Ariane, während sie ihre alten Klamotten vom Fußboden aufklaubt und in den Wäschekorb im Wandschrank schmeißt. »Wir waren lange zusammen. Natürlich sind da noch Gefühle da, die wieder hochkamen, als ich dich im Supermarkt gesehen habe.«

»Also willst du wieder eine Beziehung?« Hoffnung keimt in mir auf.

»Emil, ich mag dich immer noch wahnsinnig gerne. Aber ich liebe dich nicht mehr. Tut mir leid«, sagt Ariane und hüpft mit beiden Beinen auf mein zartes Hoffnungspflänzchen.

Ich will sie fragen, ob sie Mark liebt. Aber ich tu's nicht. Weil ich Angst vor der Antwort habe. Deswegen sage ich gar nichts. Ich falle rücklings auf die Matratze wie von einer Pistole in die Brust getroffen und starre hirntot an die Decke. Ich weiß gar nicht, was mich härter trifft. Dass Ariane mich nicht mehr liebt? Oder dass sie nicht nur mich betrogen hat, sondern nun auch ihren aktuellen Freund, und ich mich all die Jahre so in ihrem Charakter getäuscht habe? Ariane verschwindet wieder im Badezimmer und spuckt die Zahnpasta ins Waschbecken. »Mir wurde auf Amazon neulich übrigens dein Buch vorgeschlagen. Hab gar nicht gewusst, dass du eins geschrieben hast«, ruft sie von drüben.

»Hab ich auch nicht. Ich hab ja noch nicht mal angefangen.«

»Was sagst du?«

»Es ist noch nicht fertig. Aber die haben es wohl schon online gestellt zum Vorbestellen.«

»Wieso hast du nie was davon erzählt?«

»Das wollte ich dir an dem Tag erzählen, als …«, ich stocke, um in meinem Sprachzentrum nach den richtigen Worten zu wühlen, »… ich dich beim Bumsen mit dieser Gurke erwischt habe.« Jup. Die Worte treffen es ganz gut. Schriftsteller halt.

Einen kurzen Moment sagt daraufhin niemand von uns etwas. Ich kann das kratzende Geräusch von Arianes

Bürste hören, mit der sie sich jeden Morgen hundertmal durch die Haare fährt.

»Hast du's schon bestellt?«

»Nee. Du weißt doch, dass ich so Nonsens nicht lese.«

»Klar. Stimmt«, sage ich traurig und sehe vor meinen Augen die Leitz-Ordner mit den *Missy*-Heften, die in meinem kleinen Kämmerchen auf dem Tisch stehen. Meine Mutter benutzt keine Gesichtsmasken. Es ist ihr egal, mit wem Leonardo DiCaprio im Moment ausgeht, und Victoria's Secret hält sie für ein Gesellschaftsspiel. Trotzdem hat sie jeden Artikel von mir aufgehoben. Aus dem gleichen Grund, warum man die potthässlichen Zeichnungen von seinen vierjährigen Kindern an den Kühlschrank heftet: Liebe.

Mist. Wie spät ist es? Ich hechte über die Matratze zu meinem Handy auf dem Nachtkästchen. Ich hab sechs Anrufe in Abwesenheit von meiner Mutter verpasst. Shit. Ich halte mir das Display vor die Augen, und wie üblich weigert sich die Gesichtserkennung, meine verschlafene Visage als Eigentümer zu autorisieren. Von wegen automatisch. Hastig tippe ich den Zahlencode in die Tastatur.

10:23 Uhr. Verdammt, ich hab den Geburtstagsbrunch mit meiner Mutter verschlafen.

Ich schlüpfe in meine Jeans, springe in meine Turnschuhe und stürme aus der Wohnung, ohne Ariane auch nur Tschüs zu sagen. Nehme im Treppenhaus immer zwei Stufen auf einmal und haste vorbei an Frau Mendel, die im Hauseingang vor den Briefkästen steht. So schnell, dass die sich einmal um die eigene Achse dreht. Als die Tür hinter mir ins Schloss fällt, weiß ich, dass ich Ariane vermutlich nicht mehr wiedersehen werde. Aber irgendwie tut der Gedanke daran gar nicht mehr so weh.

Ich renne die Straße hinunter. Dabei fische ich mein Handy aus meiner Hosentasche, was im Sprint gar nicht so einfach ist, und schicke meiner Mutter eine Voice-Message.

»Mama, es tut mir«

»Leid. Ich hab verschlafen. Ich«

»Bin in zehn Minuten zu«

»Zu Hause. Versprochen.«

Gott, wie mich diese Sprachnachricht-Funktion nervt. Ihr Erfinder möge in der Hölle brutzeln. Oder noch besser: auf Ewigkeiten bei seiner Mutter wohnen.

Meine sitzt in der Küche auf der Bank unter dem Fenster, die Augen starr auf die Tür gerichtet. Man könnte meinen, sie säße schon seit Stunden so da und warte nur darauf, dass ich ihren Blick kreuze. Wie ein James-Bond-Bösewicht. Bloß dass sie keine weiße Katze in der Hand hält, sondern ein Honigbrötchen. Ich stürme ihr um den Hals. »Es tut mir leid, Mama. Alles Gute zum Geburtstag«, sage ich und gebe ihr einen Kuss auf die Wange.

Meine Mutter lächelt gequält. »Danke.«

»Und …«

Ich gehe hinüber zu dem Küchenbuffet und hole auf Zehenspitzen den Kerzenständer vom Schrank.

»… ein Geschenk kriegst du natürlich auch noch.« Ich überreiche ihr feierlich mein Präsent.

»Der ist aber schön. Vielen Dank«, sagt meine Mutter mit lebloser Stimme, während sie den Kerzenhalter in ihren Händen betrachtet, ohne auch nur ein Mal zu mir aufzublicken.

»Ich wollte ihn eigentlich heute früh noch einpacken, bevor du aufstehst. Bitte entschuldige.« Wieder dieses gequälte Lächeln. Aber davon lasse ich mich nicht entmutigen. Okay, ich habe Mist gebaut. Aber es wäre doch gelacht, wenn ich das nicht wieder ausbügeln könnte. Meine Mutter kann gar nicht lange böse auf mich sein. Ich bin immerhin ihr einziger Sohn. »Ich spring jetzt kurz unter die Dusche, und dann fahren wir zum Bayerischen Hof, okay?«

»Ach nein, Emil«, sagt meine Mutter. »Schon in Ordnung. Ich hab ja jetzt schon gefrühstückt.«

Aber nichts ist in Ordnung. Sie hat das böse E-Wort benutzt. Emil. Meinen Vornamen benutzt sie nur, wenn sie wütend oder enttäuscht ist. Ich glaube, das machen alle Eltern so.

Wenn Eltern einen Namen für ihr Kind auswählen, sollten sie vorher testen, wie er klingt, wenn sie schimpfen. Schließlich ist das der einzige Moment, wo sie ihn gebrauchen werden.

Ich stelle mir vor, wie Vater und Mutter im Kreißsaal liebevoll auf das Neugeborene herunterblicken und überlegen, welcher Name zu ihrem kleinen Liebling passt. Der Vater brüllt den Säugling an: »JONATHAN, KOMM SOFORT RUNTER UND RÄUM DEINE SPIELSACHEN AUS DEM WOHNZIMMER!«

Die Mutter wiegt den Kopf hin und her. »Hm, nee. Irgendwie ... ich fühl's nicht.«

Der Vater schreit erneut auf das Baby ein: »FRANK-HUBERTUS, AM ESSTISCH WIRD NICHT IN DER NASE GEPOPELT.«

Die stolze Mutter begeistert: »Das klingt schön. Den nehmen wir.«

Ich lasse nicht locker. »Dann machen wir eben einen Ausflug. Wir könnten ins Literaturhaus gehen und dort einen Kaffee trinken. Da bist du doch so gerne.«

»Ehrlich gesagt holt Konrad mich gleich ab.«

»Ach so? Na gut, von mir aus gern. Und wo gehen wir hin?«

»Nimm's mir nicht übel, Emil. Aber wir machen heute mal was allein.« Rums. Die Worte meiner Mutter fühlen sich an, als hätte sie mir das ganze Wörterbuch über den Kopf gezogen.

»Oh. Verstehe.« Ich fühl mich wie damals als Zehnjähriger, wenn ich rüber zum Bolzplatz bei uns um die Ecke gegangen bin und die großen Jungs gesagt haben, dass ich nicht mitspielen darf.

Es klingelt an der Tür. »Das ist er schon«, sagt meine Mutter und schnappt sich ihre Krücken, die neben ihr gegen die Sitzbank lehnen. Damit humpelt sie rüber zum Crosstrainer / Garderobenständer im Flur und schlüpft in ihren Mantel. »Also, bis später«, sagt sie und geht aus der Tür.

Es ist das erste Mal, dass mich meine Mutter bei etwas nicht dabeihaben möchte. Sie hielt mich als Baby im Arm auf ihrer kirchlichen Hochzeit und hat mich als Kind mitgenommen zu ihren Routine-Checks beim Gynäkologen. Ich befürchte, diesmal hab ich sie wirklich verletzt.

Kapitel 25

Das schlechte Gewissen wirbelt in meinem Magen wie ein Stein in einem Mixer. Es lässt mich nicht ruhen. Nervös tigere ich durch die Küche, die allerdings nicht sonderlich groß ist. Es ist daher also eigentlich eher ein Herumkatern als ein Tigern, und schnell wird mir der Platz zu klein. Ich muss raus und mit jemandem reden. Ich schnappe mir meine Schlüssel und gehe rüber zu Kamil.

Ich kann aber schon von unserem Hauseingang aus sehen, dass im »Döner Döner Döner« kein Licht brennt. Ich rüttle an der Tür, aber die ist zugesperrt. An der Scheibe hängt ein Zettel: »Heute geschlossen«. Stimmt. Heute ist ja die Aufzeichnung der Kochshow. Geknickt gehe ich zurück nach oben in die Wohnung. Ich setze mich auf einen der Sessel und schalte den Fernseher ein. Auf dem Dritten bereitet Alfons Schuhbeck gerade einen Schweinebraten zu. Ich habe noch nie verstanden, warum Kochsendungen so beliebt sind. Essen ist für mich lediglich ein Grundbedürfnis, das ich stillen muss, um am Leben zu bleiben. Genauso wie Schlafen. Deswegen gucke ich mir aber noch lange keine Fernsehsendung an, in der irgendein Heini eine Bettdecke mit Daunenfedern füllt. Ich poste auch keine Fotos von meinem Kopfkissen auf Instagram. *#Sleepporn*. Wer guckt sich diesen Blödsinn nur an? Außer meiner Mutter …

Bei diesem Gedanken zuckt ein Blitz durch meine Synapsen. Ich schalte den Fernseher aus und scrolle mich durch das Telefonverzeichnis in meinem Handy, bis ich bei Kamils Nummer anlange. Hoffentlich geht er ran.

»Kamil?«

»Habibi, ich bin grad im Auto mit meiner Frau auf dem Weg ins Fernsehstudio.«

»Deswegen ruf ich ja an«, spreche ich aufgeregt ins Telefon. »Ich hab's mir anders überlegt. Ich will doch mitkommen.«

Ich kann die Stimme seiner Frau hören. Sie redet auf Türkisch, aber es klingt nicht besonders erfreut. Die beiden wechseln ein paar Sätze. Dann wendet sich Kamil wieder an mich. »Wenn ich da bin, lass ich deinen Namen als Begleitperson auf die Liste setzen. Ist das gold, Habibi?«

»Supergold! Danke, Kamil. Bis gleich.«

Die Fernsehstudios des Senders liegen in Unterföhring. Ein Wärter in einem Pförtnerhäuschen harkt meinen Namen auf seinem Klemmbrett ab und lässt mich passieren. Kurz darauf stehe ich in einer Empfangshalle mit dem Charme eines Flughafenterminals. Der Boden ist aus Steinplatten, die Fensterfront aus Glas, und eine Bar verkauft Sekt und Orangensaft an die Zuschauer. Es sind vielleicht siebzig oder achtzig Menschen, die an den Stehtischen stehen und darauf warten, dass wir ins Studio gelassen werden. Kamil kann ich nicht entdecken. Aber den brauche ich für meinen Plan auch nicht. Ich suche den Moderator: Ingo Bärschlauch. Doch auch den sehe ich nirgendwo. Dafür einen jungen Mann mit Pickeln im Gesicht und Walkie-Talkie am Gürtel, der eine Seitentür öffnet und uns hinein in das Aufnahmestudio führt. Auf der Bühne stehen drei Kochstationen nebeneinander im Scheinwerferlicht. Am Rand davor befinden sich die

Zuschauerränge, auf denen wir Platz nehmen. Der picklige Regie-Assistent erklärt uns kurz die Spielregeln der Show. Dann setzt die Titelmelodie ein. Eine Anzeige auf einem Monitor über unseren Köpfen gibt uns den Befehl »Applaus«, und alle im Saal jubeln und stampfen mit den Händen wie kleine Kinder vorm Puppentheater, um die Kasperlfigur herauszulocken.

In unserem Fall ist es Ingo Bärschlauch. Der Moderator joggt auf die Bühne und verneigt sich vor uns und vor der Kamera. Immer wieder hebt er die Hände und deutet lachend auf seine Armbanduhr, um zu signalisieren, das Publikum möge doch endlich mit dem Applaus aufhören, damit er mit der Show fortfahren kann. Aber tatsächlich blinkt über unseren Köpfen nach wie vor die Aufforderung, weiter Lärm zu machen. Was für ein Heuchler, denke ich und verschränke demonstrativ die Arme vor der Brust. Die Anzeige erlischt, der Applaus ebbt ab, und Ingo Bärschlauch bittet die Teilnehmer auf die Bühne. Kamil schreitet zusammen mit einer alten Dame, die aussieht wie das Cover-Modell der neuen Ausgabe von »Backen mit Oma«, und einem schmächtigen Studenten an die Kochstationen, alle drei winken zum Publikum wie der Karnevalsprinz auf dem Straßenumzug.

Champ am Herd ist eine Mischung aus Quizsendung und Kochshow. In jeder Episode gibt es ein Motto, was die Hobbyköche zubereiten müssen. Heute ist es der Döner. Die Kochutensilien, die die Teilnehmer dafür benutzen dürfen, müssen sie sich in Fragerunden erspielen. Kamil hat die erste Frage falsch beantwortet und nun lediglich einen Handbesen zur Verfügung, um die Zutaten für seinen Fladenteig zu vermengen. Seine beiden Kontrahenten haben eine Rührmaschine gewonnen. Er hat die

Ärmel nach oben gekrempelt und walkt den Teig, während das Scheinwerferlicht auf ihn niederbrennt. Schweißränder haben sich bereits unter seinen Achseln gebildet, und eine nasse Strähne fällt aus der Reihe und klebt ihm an der Stirn, während Ingo Bärschlauch sich mit einem Stapel Karteikarten in der Hand neben ihn stellt, um ihm die nächste Frage vorzulesen:

Was passiert mit einer Ananas, wenn man sie salzt?
A) Sie wird weiß.
B) Sie wird giftig.
C) Sie wird süßer.

Richtig wäre C. Kamil entscheidet sich aber leider für B und muss deshalb auf die Gemüseraspel verzichten. Die Knoblauchbrocken, die der arme Kerl mit dem stumpfen Küchenmesser abschneidet und in die Soße wirft, kann ich selbst aus der letzten Reihe erkennen.

Es ist gar nicht nötig, dass der Monitor über unseren Köpfen den Zuschauern nun die Anweisung gibt, Mitleid auszudrücken. Kamil tut mir auch so leid. Durch die Publikumsreihen geht ein »Oooohhhhh«.

Am Ende belegt Kamil den letzten Platz. Der Moderator bedankt sich bei den Zuschauern fürs Einschalten und wünscht allen einen schönen Abend – obwohl es jetzt ja eigentlich erst Nachmittag ist. Das Publikum erhebt sich von seinen Plätzen und trottet hinunter zur Bühne, wo sie Ingo Bärschlauch umringen und Selfie-Kameras vor seine Nase halten. Am Bühnenrand sehe ich Kamil mit zerknautschter Miene, während seine Frau wild gestikulierend auf ihn einredet. Leider habe ich keine Zeit, meinem Freund beizustehen. Ich habe schließlich eine Mission.

Ich kämpfe mich daher durch die Zuschauer nach vorn, bis ich bei Ingo Bärschlauch stehe. Erst jetzt aus der Nähe fällt mir auf, wie klein er ist. Er reicht mir gerade mal bis zur Schulter. Zu Hause muss der Meisterkoch wahrscheinlich ständig seine Frau bitten, ihm die Gewürze aus den oberen Regalen zu reichen, weil er nicht drankommt. Keine Ahnung, was meine Mutter an dem so toll findet.

»Herr Bärschlauch?«

Der Moderator dreht sich zu mir um und rückt instinktiv an meine Seite für ein Selfie, wie er es zuvor schon bei einem Dutzend anderen Fans machen musste. Als er merkt, dass ich gar kein Handy in der Hand halte, wirkt er kurz etwas irritiert.

»Ich würde Sie gerne als Koch für heute Abend bei mir zu Hause buchen.«

»Nein, tut mir leid«, sagt Ingo Bärschlauch und dreht sich schon zum nächsten Fan, um für ein Erinnerungsfoto zu posieren.

»Bitte. Das ist ein Notfall. Meine Mutter ist ein Riesenfan von Ihnen und hat heute Geburtstag.«

Der Koch winkt eine Frau herbei, die mich optisch ein bisschen an Gundel Gaukeley erinnert. »Hilda! Kommst du bitte!«

Die Dame schiebt sich zwischen mich und den Koch.

»Ich würde ihn gerne für einen Abend buchen. Als Geburtstagsüberraschung für meine Mutter«, erkläre ich ihr mein Anliegen.

»Herr Bärschlauch verlangt üblicherweise ein Honorar von 50 000 Euro für Auftritte auf privaten Events.«

»Aber so viel Geld habe ich nicht.«

»Tut mir leid«, sagt die Dame und dreht sich wieder um.

»Warten Sie!«, rufe ich die PR-Gundel zurück. »Ich arbeite für die Zeitschrift *Missy*.« Zum Beweis zücke ich meinen Presseausweis aus meinem Geldbeutel. »Ich könnte ein zweiseitiges Porträt über Herrn Bärschlauch in der nächsten Ausgabe anbieten. Natürlich sehr wohlwollend.«

Seine Managerin denkt kurz über das Angebot nach. Dann sagt sie: »Vier Seiten. Und wir bekommen den Artikel vor Druck zum Gegenlesen.«

»Drei Seiten, und ich schicke Ihnen vorab die Zitate.«

Die Managerin kaut auf ihrer Unterlippe. Dann geht sie rüber zu ihrem Klienten, um über mein Angebot zu beratschlagen. Leider kann ich nur Satzfetzen aufschnappen, wegen des Stimmengewirrs um mich herum:

»Unter meiner Würde«

»Steffen Henssler«

»Medienhure«

»Bessere Quoten als du«

Die Dame dreht sich wieder um und kommt auf mich zu.

»In Ordnung. Herr Bärschlauch ist einverstanden.«

Kapitel 26

»Da seid ihr ja endlich.« Meine Mutter kämpft sich mit Konrads Hilfe auf ihren Krücken die letzten Stufen des Treppenhauses hoch, wo ich die beiden aufgeregt in Empfang nehme wie ein Jack Russell Terrier sein Herrchen. Ihr Ächzen konnte ich schon von unten hören. »Was riecht denn hier so?«, fragt meine Mutter, als ich sie in die Wohnung führe.

»Wart's ab, ich hab eine Überraschung für dich«, sage ich und nehme ihr den Mantel ab. Ich geleite die beiden ins Wohnzimmer, wo ich den Bauerntisch aus der Küche aufgestellt und eine weiße Tischdecke darübergelegt habe. Während Ingo Bärschlauch in der letzten Stunde am Herd gekocht hat, habe ich Blumen für die Tischdekoration gekauft und das gute Hochzeitsgeschirr gedeckt. In der Mitte der Tafel steht der neue Kerzenständer.

»Oooh! Wie sieht es denn hier aus«, staunt meine Mutter.

»Es wird noch besser«, sage ich und ziehe einen Stuhl für sie heran. Konrad setzt sich daneben, und ich nehme gegenüber von den beiden Platz.

Über den Tellern liegen kleine Speisekarten, die ich zusammen mit Ingo Bärschlauch verfasst habe. Interessiert überfliegen die beiden das Menü, während ich die Kerzen anzünde.

Wir starten mit einem Safran-Süppchen. Darauf folgt als Hauptgericht Krabben-Pasta auf Minzschaum, und zum Nachtisch gibt es Honigeis im Karamellmantel. Die Zusammenstellung stammt vom Chefkoch persönlich. Lediglich die Nudeln waren mein Wunsch und haben mich einiges an Überzeugungsarbeit gekostet, weil der Herrscher aller Töpfe sich nicht in seine Kunst reinreden lassen wollte. Erst als ich ihm zusätzlich zum Porträt-Text noch eine Anzeigenseite versprochen habe, wo wir für die nächste Staffel seiner Show werben, hat er doch noch nachgegeben. Nun muss ich mir bloß noch überlegen, wie ich das Gabi in der Redaktion schmackhaft mache.

»Herr Hase?«, ruft mich der Koch von drüben.

Meine Mutter guckt mich mit Fragezeichen in den Augen an.

»Bin gleich zurück«, sage ich mit einem geheimnisvollen Augenzwinkern und eile in die Küche, wo Ingo Bärschlauch gerade damit beschäftigt ist, sämtliche Schränke aufzureißen.

»Wo sind die Suppenteller?«

»Haben wir nicht«, sage ich und hole stattdessen drei Müsli-Schalen aus dem Küchenbuffet. »Schütten Sie sie einfach da rein.« Ich hätte ihm genauso gut drei Hundenäpfe hinstellen können. Der Sternekoch rollt jedenfalls mit den Augen und stößt einen leisen Seufzer aus, als er sein Süppchen in die Cornflakes-Schalen gießt. Ich hingegen bin hochzufrieden und stolziere wieder zurück an den Esstisch im Wohnzimmer. Ingo Bärschlauch folgt mir mit der Vorspeise. Bei seinem Anblick zuckt meine Mutter erschrocken zusammen. »Wer sind jetzt Sie?«

»Das ist unser Koch für heute Abend«, kläre ich sie auf.

»Mensch«, staunt meine Mutter und glotzt den TV-Koch an wie ein kleiner Junge Cristiano Ronaldo in der Supermarktschlange. »Sie sehen aus wie der Ingo Bärschlauch aus dem Fernsehen.«

»Mama, das *ist* Ingo Bärschlauch.«

»Na. Das gibt's doch nicht.« Meine Mutter klatscht sich mit der Hand gegen die Wange.

»Was machen Sie jetzt hier?«

»Das ist mein Geburtstagsgeschenk, Mama. Als kleine Wiedergutmachung für heute Morgen.«

Meine Mutter schüttelt ungläubig den Kopf. »Der Ingo Bärschlauch in meiner Wohnung. Ich glaub, ich werd ohnmächtig.«

»Bitte nicht. Wer isst denn sonst meine Suppe?«, sagt der TV-Koch und zwingt seine Mundwinkel mit aller Gewalt zu einem Lächeln auseinander, ehe sie wieder zurückschnappen wie ein Gummiband.

»Können wir bitte ein Foto zusammen machen? Ich hab da so eine App, die heißt Instagram. Kennen Sie die?«

»Natürlich«, seufzt der Suppenkasper und legt den Arm um ihre Schulter, während Konrad diesen Moment mit seinem Handy festhält. Anschließend zeigt Ingo Bärschlauch meiner Mutter noch seine Instagram-Seite, die nun eine Followerin mehr hat, und zieht sich anschließend zurück in Richtung Küche, um die Nudeln zuzubereiten. »Stopp!«, ruft meine Mutter, als er fast die Tür erreicht hat. »Wie heißt der Moderator von *Champ am Herd*?«

»Ingo Bärschlauch«, sagt Ingo Bärschlauch kraftlos.

Meine Mutter applaudiert begeistert. »Herzlichen Glückwunsch. Sie dürfen das Nudelsieb benutzen.«

»Hab ich ein Glück«, murmelt unser Koch und schleicht zurück in die Küche.

Das Spiel geht den ganzen Abend so. Jedes Mal, wenn Ingo Bärschlauch einen Gang serviert, stellt meine Mutter ihm eine Quizfrage. Er tut mir fast schon ein bisschen leid. Als er das Hauptgericht hereinträgt, fragt ihn meine Mutter: »Wie alt bin ich heute geworden?«

Der TV-Koch hat keine Ahnung, worauf meine Mutter ihm rät, doch den Publikumsjoker zu benutzen. Ingo Bärschlauch zuckt mit den Schultern. »Wenn's sein muss.«

Ich: »66.«

Konrad: »66.«

Woraufhin nun auch Ingo Bärschlauch »66!?« vermutet und meine Mutter erneut in die Hände klatscht.

Als ich mal kurz auf die Toilette verschwinde und an der Küche vorbeikomme, höre ich ihn mit jemandem telefonieren.

»Was soll das heißen, sie ist nicht da?«

»Hol mir sofort Hilda ans Telefon!«

»Die hat mir die Suppe hier eingelöffelt. Ich will auf der Stelle mit ihr sprechen.«

Zur Nachspeise hätten wir alle gerne einen Kaffee. Konrad geht rüber in die Küche, um Ingo Bärschlauch die neue Kaffeemühle zu bringen, die er meiner Mutter zum Geburtstag geschenkt hat und die noch eingepackt im Flur steht. Kurz darauf hören meine Mutter und ich aus der Küche ein lautes Wortgefecht.

»Sieben!«

»Acht!«

»Sieben!«

»Sie haben Sie doch nicht mehr alle. Bei sieben Gramm Kaffeepulver ist der Espresso viel zu wässrig.«

»Kein Wunder bei Ihrem dilettantisch eingestellten Mahlgrad.«

»Sie nennen mich dilettantisch? Sie können doch keine Arabica von einer Robusta-Bohne unterscheiden.«

»Ich lass mich doch von Ihnen nicht über Kaffeebohnen belehren, Sie Ballermann-Barista.«

Meine Mutter hört eine Weile grinsend zu. Dann greift sie nach ihren Krücken und humpelt damit einmal um den Tisch herum, um mich zu drücken. »Vielen Dank, für die schöne Überraschung«, sagt sie und presst mich fest an sich.

»Ich hab dich lieb, Mama.«

»Ich dich auch.«

Ingo Bärschlauch reißt die Küchentür auf und kommt mit angeschwollenem Hals ins Wohnzimmer. »Ich bin hier fertig. Noch einen schönen Geburtstag, Frau Hase.« Dann kehrt er uns den Rücken zu, schnappt sich seine Jacke vom Crossfit-Trainer im Flur und eilt aus der Wohnung.

Im nächsten Moment kommt Konrad ins Wohnzimmer und hält ein Tablett mit drei Espressotassen in der Hand. »So, die Herrschaften, wer mag einen Kaffee?«

Kapitel 27

Irgendwo hier in der Innenstadt soll heute der »Slutwalk« stattfinden, doch ich kann Lili und die anderen Aktivistinnen nirgendwo entdecken.

»Entschuldigung, ich suche einen Haufen halb nackter Frauen. Weißt du, wo die sind?«, frage ich eine junge Frau mit asiatischen Wurzeln, die an einer Ampel wartet. Sie kneift die Augenbrauen zusammen und schweigt. Wahrscheinlich eine Touristin, die mich nicht versteht. »Excuse me, I am looking for a bunch of half naked women«, wiederhole ich und ziehe zur Verdeutlichung mein T-Shirt ein Stück hoch.

»Was bist'n du für'n Spack?«, antwortet das Mädchen und tippt sich mit dem Zeigefinger an die Stirn. Dann schaltet die Ampel auf Grün, und die Frau überquert die Straße.

Verdammt. Man würde doch meinen, eine Armee von Frauen, die im BH durch die Straßen laufen und brüllen: »Jesus liebt Schlampen«, müsste irgendwie aufzuspüren sein. Denkste. Ich laufe an der Alten Pinakothek vorbei, entlang an den Cafés des Univiertels und finde sie dann schließlich zum Glück doch noch am Königsplatz, wo ein Pulk von Frauen in Unterwäsche auf dem Rasen steht und Demo-Schilder verteilt, auf denen Sprüche stehen wie »Nein heißt Nein« und »Mein kurzer Rock hat nichts mit dir zu tun«. Wenn ich jetzt noch mal so drüber nachdenke, kommen mir doch Zweifel, ob es wirklich eine so clevere

Idee war, mich vor einem Haufen aufgebrachter Feministinnen bei Lili für mein Fehlverhalten neulich zu entschuldigen. Immerhin: drei junge Burschen kann ich in der Menge erkennen. Ich bin also zumindest nicht der einzige Mann. Wirklich wohl fühle ich mich trotzdem nicht. Der Himmel ist von grauen Wolken bedeckt, und ein kühler Wind pustet mir unter das T-Shirt, als ich mich auf die Gruppe zubewege. Ich hätte zu Hause bleiben und ihr eine Entschuldigungs-WhatsApp schicken sollen, denke ich mir und vergrabe die Hände in den Hosentaschen.

»Was machst *du* denn hier?«, fragt Lili, als ich vor ihr stehe. Sie trägt lediglich eine schwarze Hotpants und einen gleichfarbigen BH, was irgendwie lustig ist, weil sie sonst nie einen anzieht. Als hätte sie sich extra für den Slutwalk einen gekauft. »This is my body«, steht mit Lippenstift auf ihren Bauch geschrieben.

»Ich muss mit dir reden.«

»Jetzt? Du siehst doch, dass ich beschäftigt bin.«

»Ich will mich bei dir entschuldigen.«

»Ich kann jetzt nicht, Emil. Wir marschieren gleich los.«

»Dann komm ich eben mit«, sage ich und schnappe mir ein Schild, das neben uns im Gras liegt. Lili unterdrückt ein Glucksen. »Ist vielleicht nicht das richtige für dich.«

Ich drehe das Schild um und lese die Aufschrift: »Mein kurzer Rock hat nichts mit dir zu tun.« Ich lege das Schild wieder zurück und nehme mir dafür eins mit der Aufschrift: »Mein Körper gehört mir, egal wie nackt ich bin.«

»Du bist aber nicht nackt«, sagt Lili.

»Na und? Als ob das eine Rolle spielt.«

»Klar tut's das. Denn genau darum geht's doch. Ganz oder gar nicht.« Lili guckt mich erwartungsvoll an.

»Meinetwegen«, stöhne ich. Lili greift den Saum meines T-Shirts und bindet es oberhalb meines Bauchnabels zu einem Knoten zusammen. »Und die Jeans muss auch runter.«

»Echt jetzt?«, frage ich genervt, denn normalerweise gibt es für mich nur drei Grunde, meine Hose auszuziehen:

Um zu schlafen.

Um zu baden.

Um dem Urologen einen Ausschlag zu zeigen.

Um durch die City zu spazieren, gehörte bisher nicht dazu. Aber Lili kennt kein Pardon. Wenn ich das mit ihr wieder geradebiegen möchte, muss ich mich wohl fügen. Also entledige ich mich grummelnd meiner Hose, bis ich bloß noch in Unterhosen vor Lili und den anderen stehe. Definitiv kein guter Tag, um heute meine Winnie-Puuh-Boxershorts zu tragen. Als ich ein Kind war, hat meine Mutter mir stets eingebläut, ordentliche Unterwäsche anzuziehen. Für den Fall, dass mich auf dem Schulweg ein Auto anfährt und ich ins Krankenhaus muss. Als wäre ein Loch im Socken dann mein größtes Problem.

Ich habe mich oft gefragt, was wohl passiert, wenn ich den Unfall nicht überlebe. Dann liege ich im Leichenschauhaus, und meine Mutter muss kommen, um mich zu identifizieren.

Pathologe: »Ist das Kind mit dem Loch im Socken Ihr Sohn?«

Mutter: »Nein, den kenn ich nicht. Nie gesehen. Mein Kind trägt ordentliche Unterwäsche.«

Hätte sie mir doch bloß auch beigebracht, Boxershorts ohne Muster zu tragen, für den Fall, dass ich auf einer Nacktdemo mal die Hosen runterlassen muss. Wenigstens hat Winnie Puuh kein Loch.

Lili mustert mich von oben bis unten, wobei ihre Kaumuskeln heraustreten. Es fällt ihr sichtbar schwer, die ernste Miene aufrecht zu halten und nicht zu lachen. »Na gut, Tiger. Dann bist du jetzt startklar.«

Unser Trupp setzt sich in Bewegung. Entlang der Brienner Straße durch die Innenstadt. Sie pusten in Trillerpfeifen und recken Schilder in die Höhe. Karola ist natürlich auch dabei. Sie hat sich ein Mikrofon gegriffen und führt die Gruppe an. Den Abschluss bildet ein Streifenwagen der Polizei. Nur einer. Die Behörden rechnen wohl nicht mit heftigen Molotowcocktail-Straßenschlachten bei einem Aufmarsch von Frauen in Unterwäsche. Ich ordne mich in der Schlange neben Lili ein.

»Es tut mir leid, dass ich dich neulich angeschnauzt habe.«

»Unser Körper!«, brüllt Karola in die Sprechtüte.

»Unser Leben!«, brüllen Lili und die anderen.

»Das war unfair von mir. Du wolltest ja nur helfen.«

»Unser Körper!«, brüllt Karola.

»Unser Leben!«, schallt es zurück.

Die Straßenpassanten bleiben stehen und gucken uns an wie Tiere in einem Zoo. Sie lachen, schütteln den Kopf oder zeigen mit den Fingern auf uns. Das letzte Mal habe ich mich so geschämt, als ich in der elften Klasse meinen Turnbeutel vergessen hatte und in einer langen Baumwollunterhose aus der Fundsachenkiste am Sportunterricht teilnehmen musste. Hoffentlich treffe ich hier nicht irgendwo auf meine Mutter. Nur zu gut kann ich mir vorstellen, wie das ablaufen würde:

»Emil?«

»Oh Gott, Mama!?«

»Was machst *du* denn hier?«

»Ich protestiere.«

»Nackt? Du holst dir doch den Tod.«

»Ich werd's überleben. Fahr jetzt bitte weiter.«

»Musst du wissen. Du bist alt genug.«

»Ja, Mama.«

»Ich bin grad auf dem Weg zum Einkaufen. Soll ich zum Abendessen Nudeln mit Gorgonzola-Soße machen? Die magst du doch so gerne.«

»Mama, bitte!!!«

Ich versuche das Publikum auszublenden und mich auf meine Mission zu konzentrieren: die Versöhnung mit Lili.

»Du bist immer für mich da. Ich weiß gar nicht, was ich ohne dich machen würde.«

Stumm läuft Lili neben mir her, die Augen immer geradeaus, wie ein gefolgsamer Soldat.

»Jetzt sag doch auch mal was.«

Lili bleibt stehen. So plötzlich, dass ein paar nackte Flitzerinnen von hinten sie anrempeln und um uns herumlaufen, während sie Sachen wie »Hoppla« und »Ups, sorry« sagen.

»Weißt du, Emil, du bist echt ein Arschloch.«

»Ich weiß«, sage ich kleinlaut und blicke beschämt auf meine Schuhe. Wenigstens die durfte ich anbehalten.

»Ach so? Und warum, denkst du, bist du ein Arschloch?« Lili klingt jetzt wie mein alter Anatomie-des-Nutztieres-Professor. Emil, warum, denkst du, ist die Kuh ein Wiederkäuer?

»Na ja, weil … ich dich so angefahren habe!?«

»Falsch«, sagt Lili. Wie mein Anatomie-des-Nutztieres-Professor.

»Warum dann?«, frage ich.

»Weil du gar nicht kapierst, was du für ein Glück hast. Du hast eine Mutter, die dich über alles liebt und dich betüdelt. Und du? Du meckerst bloß. Jeden verdammten Tag vermisse ich meine Mutter, und ich würde mir nichts mehr wünschen, als dass sie noch da wäre und mich zwingen würde, ein Bad zu nehmen. Und weißt du, was das Traurigste daran ist?« Ich schüttle schwach den Kopf.

»Irgendwann hast du auch keine Mutter mehr. Und dann wird dir das alles furchtbar fehlen, was du jetzt so schrecklich findest.« Tränen schimmern in Lilis Augen, und auch ich spüre, wie mein Hals immer enger wird. »Alles, was du willst, ist Ariane. Die blöde Kuh hat die ganze Zeit in eurer Beziehung versucht, dich zu ändern und einen Mann aus dir zu machen, der du gar nicht bist. Und du hast immer brav alles mitgemacht. Aber das hat ihr nicht gereicht, und sie hat dich mit einem anderen Mann betrogen. Dabei bist du großartig, so wie du bist. Ich liebe dich für deine sensible Art und deine egozentrischen Macken. Aber du nimmst mich ja gar nicht wahr, außer du brauchst bei irgendwas Hilfe. Ich bin für dich nur der Kumpeltyp. Weil ich halt nicht die Modelmaße deiner Ariane habe. Und das tut weh, Emil. Weil ich glaube, dass wir wirklich ein tolles Paar hätten sein können.«

Dann setzt Lili ihren Protestmarsch fort und lässt mich allein zurück. Einen kurzen Augenblick lang bleibe ich stehen und lasse die Worte in mein Gehirn sickern. Viel Zeit habe ich aber nicht, denn hinter mir kann ich schon das Ende der Schlange erkennen, und ein Mann in Boxershorts mag im Kreis vieler Demonstranten vielleicht das Symbol einer Protestbewegung sein, aber so ganz allein auf einer Hauptstraße ist er einfach nur eine Erregung öffentlichen Ärgernisses. Also schließe ich rasch wieder zu Lili auf. Still gehen wir nebeneinander her. Na ja, nicht total still.

»Unser Körper!«

»Unser Leben!«

»Seit wann bist du schon in mich verliebt?«, frage ich vorsichtig.

»Keine Ahnung«, sagt Lili und wischt sich mit der Hand über die Augen. »Schon ein paar Jahre.«

»Und wieso hast du nie was gesagt?«

»Hätte es denn was geändert?«

»Ich weiß nicht …«

»Eben.«

Unser nackter Schwarm hat die Universität erreicht und kommt vor dem Hauptgebäude zum Stehen. Auf einem Platz davor steht ein kleiner Brunnen, um den sich nun alle für ein abschließendes Gruppenfoto scharen. Als das Foto im smarten Mini-Kasten ist und die Menge wieder auseinanderläuft, tippt mir ein Finger gegen die Schulter.

»Emil?«

Hinter mir steht eine Frau mit abstehenden Ohren und spitzem Kinn, die mir merkwürdig vertraut vorkommt, ohne dass ich ihr Gesicht zuordnen kann. Sie trägt lediglich ein rotes Spitzenhöschen. Die Brüste baumeln im Freien, wobei sie die Brustwarzen mit Pflastern abgeklebt hat.

Eine alte Klassenkameradin?

Eine ehemalige Praktikantin aus der Redaktion?

Die Unbekannte scheint meine Gedanken lesen zu können und hilft mir. »Sag nicht, du hast unser Date schon wieder vergessen. Der Fahrradunfall?«

Natürlich, ich Depp. Ohne Blazer und Fahrradhelm hatte ich sie überhaupt nicht wiedererkannt. »Mensch, klar! Sorry, ich stand auf dem Schlauch. Was machst *du* denn hier?«

»Na ja, protestieren natürlich.«

»Ach ja, klar. Blöde Frage.«

»Hmhm.«

Ein kurzes Schweigen ist noch viel unangenehmer, wenn man dabei keine Klamotten trägt. Hätte nicht gedacht, dass ich mich noch unwohler fühlen könnte. »Ja, und … also … bist du allein hier?«, frage ich in meiner Not.

»Nö, ich bin mit meinem Freund hier.«

Sie deutet auf einen Schönling mit zurückgegelten Haaren, der ein paar Meter abseits von uns steht und gerade ein Selfie von sich schießt.

»Schauspieler?«

»Influencer.«

»Verstehe«, sage ich mit einem Lächeln.

»Na ja, ich muss dann mal wieder zu ihm zurück. Mach's gut«, sagt sie und reicht mir zum Abschied die Hand, was nun, wo wir uns nackt gegenüberstehen, noch befremdlicher wirkt als damals bei unserer ersten Begegnung.

»Du auch.«

»Wer war das?«, fragt Lili, die das Ganze stumm neben mir beobachtet hat

»Cosima. Das Date, mit dem mich meine Mutter verkuppeln wollte.«

Lili verdreht die Augen. »Klingt ja wie ein Spülmittel.«

»Ach, findste?«

Ein Platzregen löst die Versammlung schließlich auf. Wie nackte Antilopen flüchten die Demonstrantinnen in alle Richtungen, um Schutz vor dem Unwetter zu suchen. Ich nehme Lili an der Hand und renne mit ihr zu einer nahe gelegenen U-Bahn-Station, wo wir im trockenen Untergeschoss wieder in unsere Klamotten schlüpfen. Ich jedenfalls. Lili hat keine dabei, wie sich herausstellt.

»Was ist denn dann in deinem Rucksack?«

»Na, Stifte und Körperfarbe und so.«

»Klar. Nur das Wichtigste halt.«

»Eben«, sagt Lili und lächelt. Zwar nur matt, aber sie lächelt.

»Alles wieder gut zwischen uns?«

Lili verzieht genervt den Mundwinkel. »Ja.«

»Super«, sage ich und löse den Knoten meines T-Shirts. »Aber würd's dir was ausmachen, dich in der U-Bahn von mir wegzusetzen?« Ich deute auf ihren halb nackten Körper, von dem das Regenwasser tropft. »Du weißt schon …«

»Arsch«, ruft Lili und boxt mir in die Schulter.

Epilog

Am nächsten Morgen weckt mich ein lautes Knuspern. Ich ziehe die verklebten Augen auseinander, um nachzugucken, woher das Geräusch kommt. Es kommt aus Lilis Mund. Sie sitzt neben mir auf der Kante meiner Matratze und dippt einen Sour-Cream-Chip in ein Schälchen mit Honig. »Gufen Morfen, Schlafmüpfe«, sagt sie fröhlich und spuckt ein paar Krümel durch die Luft.

»Guten Morgen«, gähne ich und richte meinen Oberkörper auf, um ihn gegen die Wand zu lehnen.

»Hab if in der Küfe gefunden. Maft du?« Sie hält mir die Packung mit den Pringles und den Honig vor die Nase. Ich verziehe angewidert das Gesicht. »Nein danke.«

Lili zuckt gleichgültig mit den Schultern und schiebt sich einen weiteren Stapel Chips-Oblaten in den Mund.

»Kannst du bitte keine Sauerei im Bett machen?«, sage ich und fege mit der Hand die Krümel von der Matratze.

»Ach, jetzt plötzlich!? Letzte Nacht konnte es dir gar nicht schmutzig genug sein«, sagt Lili und blickt mich herausfordernd an. Ein Grinsen zuckt mir über die Mundwinkel. Dann fällt mein Blick auf Lilis Bauch, und sofort wird meine Miene trüber. »Und du meinst, dem Baby ist wirklich nichts passiert?«

»Da bin ich mir sicher. Du hättest wirklich nicht die ganze Zeit rufen müssen: Achtung, Kopf einziehen!«

»War aber lustig, gell?«, sage ich und muss über meinen eigenen Witz lachen.

»Total lustig. Ich hab mich gefühlt, als würden wir es auf einem Baugerüst treiben.«

»Ich steh halt auf Safer Sex«, sage ich – wobei mir das Handtuch wieder einfällt, das wir gestern druntergelegt hatten. Ich blicke mich im Zimmer um, kann es aber nirgendwo entdecken. »Apropos. Was hast du danach eigentlich mit der Unterlage gemacht?«

»Das blaue Handtuch? Hab ich zur Schmutzwäsche neben die Wanne geworfen, als ich ins Bad verschwunden bin.« Lili stellt die Pringles-Packung beiseite und beugt sich über mich. »Du, sag mal ehrlich …«

»Ja?«

»Hast du nur mit mir geschlafen, weil die Leser sowieso von Anfang an damit gerechnet haben, dass wir am Ende des Buchs zusammenkommen?«

»Spinnerin«, sage ich und kneife Lili liebevoll in den Oberschenkel.

»Ey!«, quietscht sie vergnügt und gibt mir eine sanfte Ohrfeige.

Zur Strafe kneife ich Lili gleich noch mal in den Oberschenkel. Wieder hebt sie den Arm, um mir einen Klaps zu geben, aber diesmal packe ich ihre Handgelenke. Mit einem Schwung wuchte ich meinen Körper über sie und drücke ihre Arme gegen die Matratze. Lili zappelt hilflos unter mir. »Gib's auf. Du hast keine Chance. Ich betreibe seit einiger Zeit Bodybuilding.«

»Dass du jetzt in einer Wohnung ohne Aufzug wohnst und Treppen steigen musst, macht dich noch nicht zum Bodybuilder, Häschen«, schnauft Lili. Da schwingt die Tür auf, und meine Mutter steht im Bademantel auf der Zimmerschwelle. Um die nassen Haare hat sie das blaue

Handtuch als Turban gewickelt. »Guten Morgen. Ich hol gleich Brezen vom Bäcker. Soll ich euch welche mitbringen?« Fassungslos starre ich auf das Sex-Handtuch auf dem Kopf meiner Mutter. »Hä? Äh, nee. Für mich nicht. Ich hab keinen Hunger.« Meine Mutter schüttelt tadelnd den Kopf, und das Sex-Handtuch wackelt hin und her wie ein Wackeldackel auf der Buckelpiste. »Du musst doch was essen. Das Frühstück ist die wichtigste Mahlzeit des Tages.«

»Also, ich nehm gerne eine Breze, Ulla«, schaltet sich Lili ein, die immer noch unter mir begraben liegt.

»Na also, das lob ich mir.« Meine Mutter rückt das Sex-Handtuch auf ihrem Kopf wieder zurecht. »Weißt du was? Ich hol einfach mal drei Stück. Vielleicht überlegst du es dir ja noch.«

»Sag mal«, frage ich Lili schließlich, als meine Mutter die Tür hinter sich wieder geschlossen hat. »Was hältst du eigentlich davon, wenn wir uns zusammen eine Wohnung suchen?«

Lili guckt mich belustigt an. »Du? Zusammen mit mir und einem Baby?«

»Ach«, seufze ich und gebe Lili einen Schmatzer. »Schräger als mit meiner Mutter kann das auch nicht werden.«